ゲームシミュレーション教材

//

　教職に就いて間もないころから授業の「劇薬」を作り続けてきた。仲間内で共有したり、若い教員や教育実習生が授業作りに行き詰っているときに「特効薬」として用いたり、身の回りでだけ実践してきた。

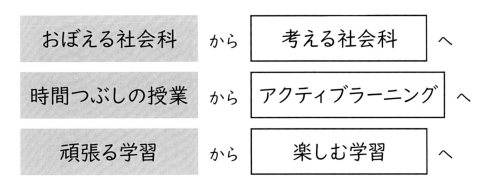

おぼえる社会科	から	考える社会科 →
時間つぶしの授業	から	アクティブラーニング →
頑張る学習	から	楽しむ学習 →

　教材ひとつで授業や学びが劇的に変化する。キーワードはたったひとつ「自分ならどうする？」である。歴史の舞台をゲームシミュレーションとして再現し、その主人公として歴史を動かしていく。これは、必ず楽しい。そして、「自分事」として歴史と向き合うことができたなら、興味・関心は一気に高まっていく。

　子どもたちは、もともと十分なポテンシャルを持っている。例えば、徳川家歴代将軍15人をおぼえていないが、プロ野球チームの選手やアイドルグループのメンバーなら30人以上でもおぼえている。つまり、興味・関心があるかないかで大きく異なる表情を見せるのである。子どもたちが笑顔で生き生きと学びに取り組む姿を、それを笑顔で見守る教員の姿を、是非お楽しみください。

● 授業用スライドダウンロード ●

授業で使用するワークシート・スライドなどの教材データは、本書の【最後のページ】にダウンロード用の URL を記載しております。ぜひ、ご活用ください。

● 目 次 ●

はじめに

01	ザ・ピラミッド	014
02	ザ・聖徳太子	022
03	ザ・中臣鎌足	026
04	ザ・遣唐使	034
05	ザ・源平合戦	052
06	ザ・元寇　御家人　竹崎季長	064
07	ザ・足利尊氏	072
08	ザ・戦国島津家	082
09	ザ・織田信長	094
10	ザ・豊臣秀吉	106
11	ザ・徳川家康	124
12	ザ・東海道五十三次	138
13	ザ・徳川吉宗	146
14	ザ・田沼意次 × 松平定信	156
15	ザ・明治新政府	164
16	ザ・帝国議会	168
17	ザ・日本の産業革命	172
18	ザ・世界恐慌	178

授業用スライドダウンロード

生徒が夢中になって取り組む
歴史授業の「劇薬」
ゲームシミュレーション

　勉強を好きだと思わせるために「ゲームを授業に何とか生かせないものだろうか」これが私の長年にわたる研究課題である。ゲームといえば、特に家庭では勉強と対角線に位置する存在である。生徒たちは大人から「ゲームばかりしていないで勉強しなさい」と叱られ、それでもなかなか勉強せずにゲームに熱中する。場合によっては10時間以上も続けてゲームにはまる。また、テストが近づいて勉強をしなくてはと思いながらもついついゲームに時間を費やしてしまう・・・中学生に限らず幅広い年代で見られる現象だと思う。この時のゲームと似たような存在としてマンガ本がある。生徒たちが勉強を忘れて熱中する点ではゲームに勝るとも劣らないと言える。しかし、このマンガ本は、石ノ森章太郎氏や横山光輝氏による歴史物が生徒たちの興味・関心を呼び起こし学習効果があるとして図書館教育を中心に取り上げられた。現在では伝記物に限らず様々な分野でマンガ本が教育利用されるようになった。であれば、マンガ本と同じようにゲームにもその力があるのではないだろうか。さらに、マンガ本はただ読み進んでいくだけであることに対し、ゲームは生徒たちが自分で考えて進めていくことができることから、より高い教育的効果を得られるのではないかと考えた。

　国際学力調査によると我が国の子どもたちの学力は、国際的に見て成績は上位にあるものの、(1) 判断力や表現力が十分に身に付いていないこと、(2) 勉強が好きだと思う子どもが少ないなど、学習意欲が必ずしも高くないこと、(3) 学校の授業以外の勉強時間が少ないなど、学習習慣が十分身についていないという課題が指摘されている。私が身近に接してきた生徒たちの全体像を見ても、学習に対する関心・意欲の低下が最大の問題点であると感じている。勉強が好きであれば大人が驚くほどの学習能力と成果を発揮するが、勉強を好きと思わせることが非常に困難であるというのが現在の生徒たちの実情ではないかと思う。

　私が最初に勤めた学校は、地域でも有名な指導困難校であった。生徒たちは生活面が落ち着かず、授業にもなかなか前向きに取り組めないという状況にあった。そこで私は単純作業であっても「完成した」という達成感を得ることができるような作業プリントを用いて授業を行った。生徒たちは学力の高い低いに関わらず熱心に作業に取り組み学習活動が進んでいった。しかし、作業プリントに飽きてしまったり、プリント自体のできが悪かったりするとなかなか集中して取り組めないという状況も見られた。そんな中できっかけを与えてくれた生徒がいた。勉強が苦手な大人しい生徒であり、社会科については特に苦手で作業プリントの指示もうまく理解できないことがあるという状態であった。その生徒が日本史の戦国時代については詳しい知識を持ち、ある年代に全国のどの国に何という大名が存在してどのような家臣を持っていたかを全て記憶していたのである。私自身もこの時代にはたいへん興味を持っていたが、私の知らない名前の武将まで把握していたのである。どうしてそれだけのことを憶えたのかと問うと、その答えは、戦国時代を題材にしたシミュレーションゲームに熱中するうちに興味を持ち、ゲームの攻略本で知識を得たのだという。授業では47都道府県を憶えるのに苦戦していたのに、300人を超える武将の名前や能力や出身までを記憶していることに衝撃をおぼえた。さらに同じような状況下で、競走馬の血統や旧日本

軍の軍艦などについて詳しい知識を持っている生徒がほかにもいることがわかった。いずれの場合もゲームにきっかけを得てそれらのことに興味を持ち、その興味に後押しされて自主的に調べて得た知識なのである。自分で調べたことは忘れないというが、まさにその通りなのである。ここで、学習に対する動機付けのもつ大きな力と、その手段としてのゲームの有効さを認識するに至った。いかに有効にゲームを活用できるか、この課題を日々研究しているところである。

平	賀	源	内	道
将	政	義	利	足
門	時	経	元	鎌
東	条	英	機	臣
斎	北	飾	葛	中

まず、最初の段階として作業プリントというよりも社会科に関係したパズルを作ってみた。クロスワードパズルに始まり、「歴史文字ボックス」と名付けた左のようなパズルを作ってみた。縦横に並ぶ歴史上の人物を消してゆくと数文字だけが残り、それをつなげるとある人物名になるしくみである。左の場合、「平」の字は平賀源内にも平将門にも使うことができ、最終的には「道」と「元」だけが残って答えは道元ということになる。歴史の導入にと100文字のパズルを作ったが生徒たちには思いのほか好評で、熱心に教科書を調べて正解を導き出そうとした。これを発展させて文字数を多くしたものを作ったり、漢字ではなく平仮名で作ったり、斜めに文字をつなげたり、あるいは四角のマスではなく六角形のマスで作ってみたりしたのだが、いずれも新作を作るたびに生徒たちは「一番乗り」を競って熱心に取り組んだ。生徒たちの興味・関心を引き起こすという意味で一生懸命に教科書を読ませる動機付けにするという原点の部分では目標を十分に達成したと言える。しかし、大きな問題点があった。それは、この内容が教科書の学習単元に即していないことである。このため、「歴史文字ボックス」は学期に1回とか自習課題としては良いのだが普段の授業ではなかなか用いることができないものであった。

そこで、次に考えたのが「シミュレーション」による疑似体験をゲーム化して学習内容の理解に役立てようというものである。「日本の産業革命」の学習単元では、日清戦争前後に軽工業を中心とする第一次産業革命が、日露戦争前後に重工業を中心とする第二次産業革命が起こり日本の産業が飛躍的に発達することを学習する。この単元で、産業革命時代の株式市場をシミュレーションにしたプリントを作ってみた。福沢諭吉の養子で後に中部電力を創始する福沢桃介という人物を主人公として取り上げた。この人物はもちろん教科書には出てこないが、産業革命の時代に株式で巨大な富を得たのである。産業革命で成長した企業だけに正確に投資していくと目標金額に達するしくみである。簡単なギャンブル方式だが1895年には紡績業や製糸業の企業を、1905年には造船業や鉄工業の企業を選べば良いのである。軽工業・重工業の具体的な内容も理解でき、官営八幡製鉄所の存在を意識させ、さらには4大財閥へのつながりまでと年々プリントを進化させていった。このプリントについて卒業後10年近く経った生徒から思い出話の一部で感想をもらったので紹介したい。

授業は面白くて、暗記科目を超えた世界でした。今でも憶えてるのは、日清・日露戦争あたりの軽工業や重工業の発展を、株を購入する形で教えてくださったことですね。普通ならただ覚えるだけのところを、B5の紙1枚追加するだけで面白くできるなんてすごいなあ・・と思いました。授業は説得力と臨場感があって楽しかったです。

「日本の産業革命プリント」は興味・関心を引き起こし、なお学習内容の理解につながるというプリントの目標が達成できているように感じられる。これよりもさらに内容を深め、ゲーム方式のプリントだけで1時間の授業ができるように作ったのが「世界恐慌プリント」である。

世界恐慌　　　　　　　　　　　　　　　　＊自分の財閥を形成しよう

（1）財閥の名前を決定する。

（2）取引相手を選択する。　米・英からそれぞれ2社を選択する。（一部省略）

　　　○BM自動車（米・1881年設立・本社デトロイト・世界初の自動車メーカー）

　　　●シュルス船舶（英・1888年設立・本社ロンドン・世界最大の造船会社）

（3）施設の数と規模を決定する。

　　　1施設の最大規模は10まで、合計施設数は10まで、合計規模数は35とする。

（4）それぞれの施設についての業種を決定する。同じものがいくつあっても構わない。

　　　（工業系）　軍需　造船　製鉄　製糸　紡績　建設

　　　（商業系）　銀行　商社　保険　運送

（5）1～10の整数から乱数を決定する。

　　　（作業シートは省略）

続・世界恐慌　　　　　　　　　　　　　　＊世界恐慌の影響を考えよう

第1波　1929年アメリカ・ニューヨークのウォール街で株価の大暴落があり、アメリカ中が大不景気におちいった。アメリカ企業と取引を持つ全世界の企業にこの大不景気の影響が及んだ。

　　　（1）全施設の規模−1

　　　（2）米国の取引企業と同業種の施設の規模半減（端数分も1つとして減らす）

　　　（3）乱数と同じ番号の施設の廃業

第2波　資本主義の世界でアメリカとイギリスは密接な関わり合いを持って発展していた。アメリカの不景気はまたたく間にイギリスを不景気に巻き込み、イギリス企業と取引を持つ企業にも不景気の影響が及んできた。

　　　（1）イギリスの取引企業と同業種の施設がある場合、全施設の規模−1

　　　（2）2施設の廃業

　　　（3）12−乱数　分の規模減少

　　　　　　　　（中略）

　　　＊世界恐慌に対する政府の対策を考えよう

○アメリカ・・・（　　　　　　　）政策

本国　　　　　　　　　　　　　　　　　植民地

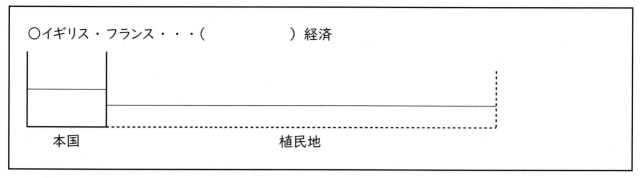

○イギリス・フランス・・・（　　　　　　　）経済

本国　　　　　　　　　　　　　　植民地

　（続）ザ・世界恐慌より前の部分をシミュレーションゲームとして行い、後ろの部分を振り返りとその後の学習に用いるのである。生徒の感想には世界恐慌の厳しい状況を実感したとのコメントが多く見られた。また、楽しく取り組めたという声も多く聞かれた。さらに、テストにおいては「ニューディール政策」の正解率が高いなどの効果も得られた。ちなみに「ザ・〜」という題名はゲーム形式のプリントの「ブランド化」をしてみようと同じようなプリントには全て「ザ・〜」と題名をつけるようにした。生徒たちも「ザ・シリーズ」を楽しみにするようになってくれた。

　「ザ・世界恐慌」では、１時間の授業時間内においては大きな効果をも得ることができた。しかし、それ以上の発展が望めず、単発に終わってしまう。生徒たちの興味・関心を強く引き起こし、自ら調べ学習に取り組む意欲をも起こさせるような学習プリントを作りたいと思った。そこで１時間の学習効果だけでなく、興味・関心を引き起こし自主的な調べ学習へとつながるように教科書には出てこない専門的な内容も取り入れての学習プリントを作ってみた。２つのタイプの学習プリントができた。その１つはある時代についてたくさんの品物や事柄をあげていくもので、「ザ・ピラミッド」では探検隊を組織してピラミッドの内部でクイズに答え、間違えると探検隊がケガをするしくみである。

ピラミッド　　〜ピラミッドを征服しよう〜

　これはエジプト文明に関するクイズです。失敗するたびにピラミッドの仕掛けが隊員を襲います。無事に王室にたどり着いて財宝を手に入れてください。

１　探検隊を組織してください。○は「元気」を表しています。「元気」がなくなるとその隊員は脱落します。隊員に名前を付け、隊長は番号に○をつけてください。　　（作業シート部分省略）

２　どのピラミッドに挑戦しますか？　番号を○で囲んでください。

１　カフラー王

２　カフラー王

３　カフラー王

3　ピラミッド入り口です。まず手始めにピラミッドに関する問題。

　　1　上の3つのうち、エジプト最大のものはどれ？　　　1　　　2　　　3

　　2　世界最古の墓はどこにある？　　1　エジプト　2　フランス　3　中国　4　日本

　　3　世界最大の墓はどこにある？　　1　エジプト　2　フランス　3　中国　4　日本

　　4　ピラミッドに埋葬された国王はファラオと呼ばれたがどういう意味？

　　　　1　神の子　2　王の子　3　世界の支配者　4　予言者

（中略）

8　最後の一問。ピラミッドの中には写真の「スカラベ」と呼ばれる「太陽の運び役」の置物が

　　無数に作られています。ではこの「スカラベ」と呼ばれる生物は何でしょう？　ヒント、まず写

　　真をよく見てみましょう。現在も比較的よく知られている生物です。（以下省略）

○進行表（一部）・・・不正解の場合のケガの大きさ

問題	正解	カフラー王	クフ王	メンカウラー王
3-1	2	1、3、7	4、5	3×2
3-2	2	2、5、隊長の前	2、8	2×3
3-3	4	1、7、8	1、3	1×2
3-4	1	2、7、隊長の後	5、7	6×3
3-5	1	3、8、隊長の前後	全員	8×3

　もう1つのタイプは歴史上の人物の生涯をたどるものである。年表にしてしまえば1行で済む出来事を細かいところまで掘り起こし、人物のドラマに仕立ててプリントを作ってみた。このタイプが生徒たちには大変好評で、夏休みの自由研究として自作の学習プリントを提出してくれた生徒もあった。このタイプは多く作成したが、生徒の自由研究を発展させて作ったのが「ザ・中臣鎌足」である。次に紹介するのは生徒の原作である。

中臣鎌足

下のクイズに答えよう。あなたは中臣鎌足です。彼になったつもりでやってみよう。中臣鎌足は朝廷内での蘇我氏の台頭に対し、打倒へと動いていた。そこで行動を起こしたいが、味方を探さなければならない。そこで、味方としたのが中大兄皇子という皇子だが、どのような場で会ったと思うか。

　ア．仏教の勉強会　イ．食事会　　ウ．蹴鞠（けまり）＝遊びの場で

中大兄皇子と意気投合した鎌足は皇子と共に蘇我氏を倒す作戦を練った。その作戦の一つに「敵の有能な家来を協力させる」というものがあった。それはどのようにして行われたのだろうか。

　ア．金品を贈る　イ．書物を贈る　ウ．娘を嫁がせることで親戚関係になる

（以下省略）

　これを作った生徒はさらに発展したものを作って提出してくれたが、それに写真や物語を加えて完成品ができた。簡単なクイズ形式を採用している。

中臣鎌足2

　645年、中臣鎌足は中大兄皇子（なかのおおえのおう
じ）とともに、朝廷で権力を独占していた蘇我蝦夷（そが
のえみし）とその子・蘇我入鹿（そがのいるか）を倒し、
政治改革を行いました。これを大化の改新といいます。写
真は鎌足誕生の地（奈良県）。大化の改新の主人公・中
臣鎌足の通った道をたどっていきましょう。鎌足の道を選択
してください。正解するとカマタリ・ポイントが増え、「鬼」
を選んでしまうとカマタリ・ポイントが減ります。どこまで
ポイントを上げられるか考えていきましょう、★はその問題の
カマタリ・ポイントを表しています。

1　写真は蘇我氏が建てた仏教寺院飛鳥寺、聖徳太子の政治以来日本は仏教の国となっていた。
　　中臣氏はもともと神官を務めていた一族で、仏教が日本に伝わったときに、これに反対して蘇
　　我氏と争ったために滅ぼされたという過去があった。鎌足は仏教をどうしますか？　　★
　　□　厚く信仰する　　　□　形だけ信仰する　　　□　信仰しない
　　（中略）

15　写真は中大兄皇子が天智天皇となって政治を行ったという難波長柄豊碕宮（なにわながらと
　　よさきのみや）。中大兄皇子と中臣鎌足らが蘇我入鹿を暗殺したことをきっかけに行っていっ
　　た一連の政治改革のことを「大化の改新」という。この改革の最大の目的は何だったの
　　でしょうか？　　★★★★★
　　　　□　蘇我氏の関係者を政治に関わる立場から全て追い払うこと
　　　　□　天皇の力を強くして豪族達を完全に支配すること
　　　　□　一度は滅ぼされた中臣氏を藤原氏として政治の中心にしていくこと

（以下省略）

○進行表（一部）
　＊正解したら問題に示されている★の数のポイントを加算する。
　＊「鬼」を答えてしまったら問題に示されている★の数だけポイントを減らす。
　＊最終的に20ポイントで「改革成功！」

問題	正解	「鬼」	解説
1	厚く信仰	信仰しない	聖徳太子の十七条憲法によって義務づけられていた
2	弓		貴族が武術を学ぶのは珍しかった
3	親友として	無視して過ごす	蘇我氏の建てた塾に通っていた

この「ザ・中臣鎌足」の影響で聖徳太子や聖武天皇などに関して詳しく調べたレポートが夏休みの自由研究として多く提出された。クイズ形式よりもさらに生徒自身が考えて主人公の行動を決定できるようにプリントのしくみを考案してみた。予算を上手に使いながら選択肢の選択によって決まる信長ポイントを増やしていくというしくみの「ザ・織田信長」と、選択肢の選択や戦闘の勝敗によって主人公の人格を磨いていくというしくみの「ザ・徳川家康」が生徒たちに最も人気があったプリントである。行動の選択肢が広くあり、しくみがわかりやすいためと考えられる。多くの人物名や出来事をおりこみ生徒の調べ学習へのきっかけを十分備えている上に、教科書の学習内容の確認としても効果が期待できる。

織田信長

　織田信長はそれまでの武士の世界の常識を打ち破り、全く新しい発想で国造りを行いました。特に金銭感覚に優れ、時代の先を読むことができたために一気に勢力を強めました。どこまで信長に近づけるか、考えてみてください。スタート時の所持金は（　　　）両です。

1　父・織田信秀が没し、信長が尾張（愛知県）の大名・織田家の当主となりました。居城を造ります。3つの中から必ず1つを選んでください。費用を残金から引いてください。

　　□200両　清洲（きよす）城・・・平地に築かれた平城

　　□450両　小牧山（こまきやま）城・・・小高い山の山頂に築かれた山城

　　□600両　墨俣（すのまた）城・・・周囲を川に囲ませて築かれた川城

　　（中略）

2　1560年、駿河（静岡県）の今川義元（いまがわよしもと）が京都に攻め上るために尾張に侵入しました。今川軍は　2万5千の大軍、対する織田軍はわずか3千です。城にこもる籠城（ろうじょう）か相手の不意をおそう奇襲戦しかありません。進行上、籠城して負けた場合は300両、奇襲して負けた場合は500両の罰金をとります。どの作戦をとりますか、4つの中から必ず1つを選んでください。費用を残金から引いてください。

　　□100両　2年分の食料を買い入れて籠城　□　　5両　籠城の噂を流しておいて奇襲

　　□　2両　綿密な計画を立てておいて奇襲　□　　0両　いきなり奇襲

　　＊戦いのタイプを確認してください・・・　A　B　C　D

　　＊部隊をどこに配置しますか、指定された数だけ〇をつけてください。

　　（戦闘地図は省略）

3　美濃（岐阜県）を占領し、居城を岐阜城としました。天下布武（てんかふぶ＝日本統一）に向けての国造りを進めます。新しい家臣団が意見を言っています。誰の意見を採用しますか。最低1人以上選んでください。費用を残金から引いてください。

　　□　10両　竹中半兵衛（たけなかはんべえ）「領国内の市を自由にさせましょう」

　　□100両　木下藤吉郎「領国内のすべて関所を廃止しましょう」

　　□200両　明智光秀（あけちみつひで）「将軍や朝廷とのつながりを強めましょう」

　　□　5両　安藤広家（あんどうひろいえ）「領国内の座を自由化しましょう」

　　□200両　氏家朴全（うじけぼくぜん）「京都までの街道を整備しましょう」

　　□200両　稲葉一鉄（いなばいってつ）「南蛮貿易で栄えている堺の商人を手なずけて鉄砲を手に入れましょう」

4　信長は甲斐（山梨県）の武田信玄（たけだしんげん）・三河（愛知県）の徳川家康（とくがわいえやす）・近江（滋賀県）の浅井長政（あさいながまさ）と同盟を結び、足利義昭（あしかがよしあき）を15代将軍に立てて京都に上りました。この動きに対抗するのは越前（福井県）の朝倉義景（あさくらよしかげ）でした。朝倉家と浅井家は代々の同盟関係にありこのときの浅井家は当初は朝倉攻めに反対したものの、手を出さないことで合意しました。

朝倉攻めの途中、信長のところに陣中見舞いの品が届きました。このうちの一つは浅井長政の妻となっている信長の妹お市からのものでした。それは奇妙なことに小豆を袋に詰めたものでしたが、袋の上下両方をひもでくくってありました。陣中見舞いに小豆などの穀物を贈ることはよくありましたがお市は信長に何かを伝えようとしたのでした。これを見た信長は全軍に命令を出しました。何を命じますか。失敗した場合は700両の罰金を残金から引いてください。

（以下省略）

〇進行表（一部）

2　戦いのタイプ　　　籠城・・A　噂・計画奇襲（河尻なし）・・B（河尻あり）・・C
　　　　　　　　　　　いきなり奇襲（河尻なし）・・C（河尻あり）・・D
　　配置できる人数　　A・・1　B・・2　C・・（1）の人数－3　D・・（1）の人数
　　勝敗の決定　　　　8に配置できたら勝ち
3　竹中　20　木下　15　明智　1　安藤　15　氏家　5　稲葉　10（鉄砲500）
4　全軍撤退（小豆袋は朝倉・浅井による挟み撃ちを知らせたものであった）

徳川家康　　　「すごいぞ家康」

徳川家康は若い頃から苦労を重ね、その人間性を磨きました。また、家臣団に対して優しさと厳しさを持って関わり、強い結束力を持つ武士団を作り上げました。家康の人物像はいつも冷静に判断し、人気・信頼・威厳と支配者にとって必要な要素をすべてそろえていたようです。家康の人生をたどりながらどこまで家康に近づけるか、考えてみてください。人気とは家臣から好かれること、信頼とは家臣から頼りにされること、威厳とは家臣から尊敬されることです。3つの要素をバランスよく高めていくことが目標です。

　　　（家臣団一覧表と作業シートは省略）

1　家康は三河の小大名・松平（まつだいら）家の長男として生まれ、竹千代（たけちよ）と名付けられました。松平家は駿河の今川義元の支配下にあり、家康は6歳の時に人質として駿河に送られることとなりました。その途中、尾張の織田信秀の手によって連れ去られ尾張で暮らすこととなりました。このときに吉法師（きっぽうし）という少年と仲良くなりました。この少年も竹千代に興味を持って近づいてきましたが近所でも有名な無法者でした。どうしますか。どれか1つを選んでください。

□　義兄弟の約束をする　　　□　適当に相手しておく　　　□　無視しておく

　　（中略）

3　今川家から独立した元康は名を家康と改め、国造りを始めました。家康は織田家と同盟を結び、
　　武田家を警戒することになりました。この同盟は織田家が主、松平家が従という形になってい
　　ました。織田信長の娘を家康の長男・信康（のぶやす）が妻にしていましたが、この夫婦が
　　うまくいかず織田信長は　怒って信康に言いがかりをつけ、ついには信康の切腹を要求してき
　　ました。どうしますか。どれか1つを選んでください。

　　　□　切腹させる　　・・・徳川信康を家臣団一覧表から消してください。

　　　□　断る

　　ある時、織田家から送られた錦鯉を世話係の失敗で死なせてしまったことがありました。世話
　　係・東野準史郎（とうのじゅんしろう）は信長の城まで謝りにいき、その場で切腹しました。
　　東野準史郎を家臣団一覧表から消してください。これを聞いた信長は上機嫌で新しい錦鯉を家
　　康に贈りました。ところが、重臣（身分の高い家臣）の本多作左右衛門（ほんださくざえもん）
　　がこの鯉を酒のつまみにと焼いて食べてしまいました。どうしますか。どれか1つを選んでくだ
　　さい。

　　　□　切腹させる　　・・・本多作左右衛門を家臣団一覧表から消してください。

　　　□　謝りに行かせる

　　　□　追放する　　　・・・本多作左右衛門を家臣団一覧表から消してください。

　　　□　許す

　　（中略）

7　朝倉攻めで信長の信用を得た家康は、東方への領地拡大を許されて旧今川領を支配するよう
　　になりました。ある時、織田信長に招かれて安土を訪問した帰りに堺によることにしました。
　　ともをさせる家臣を2人選んでください。

　　　□　大久保彦左衛門　　　□　本多正純　　　□　大久保雅楽　　　□　服部半蔵

　　家康が堺にいたときに本能寺の変が起こりました。明智光秀は信長の同盟者・家康も同時に
　　討ち取ろうと兵を堺にも向けました。どの方法で領国に逃げますか。
　　どれか1つを選んでください。進行上、失敗すると3要素すべてが－2になります。

　　　□　堺の商人を頼って大阪から船で逃げる

　　　□　山賊に襲われる危険があるが伊賀（いが）の山道を超えて逃げる

　　　□　遠回りになるが南紀（なんき）の細道を通って逃げる

　　　□　早馬で街道をとばして一気に逃げる

　　（以下省略）

○進行表（一部）　　　人気　　　信頼　　　威厳

1	義兄弟	+2	0	－1
	適当	0	－1	0
	無視	0	0	+1
7	ともの家来に服部がいて伊賀なら生還			
10	大名の参戦　福島・・・1で義兄弟を選択していれば参戦			

黒田・・・8で大久保を預けるを選択していれば参戦

加藤・・・9で無条件の承諾を選択していれば参戦

戦闘ポイント　　1～6（3点）　7（1点）　8（6点）　9・10（5点）

11・12（1点）13・14（2点）　15～18（0点）　　合計31点で勝ち

　もっと大きな成果が期待できないだろうかと欲が出てきた。学習プリントの効果をそのまま維持し、生徒同士のコミュニケーションを図ってみた。生徒が敵と味方に分かれて1対1で対戦するしくみをとることで、普段は関わりを持ちにくい生徒同士が一緒に遊び、学ぶことができるのではないかと考えた。プリントの表と裏に源氏用と平氏用を印刷して配り、生徒たちは源氏と平氏に分かれて勝ち負けを争う。戦いごと勝敗や選択肢の選択によって源頼朝の人気が変化し、最終的な人気の高さで勝ち負けが決まるしくみの「ザ・源平合戦」ある。

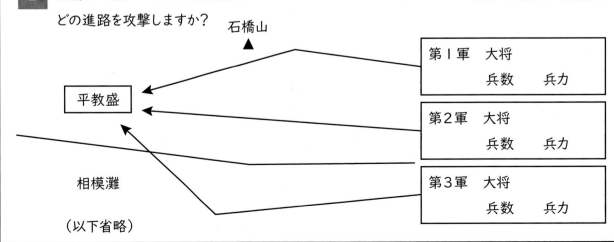

源平合戦　　源氏版

源頼朝（みなもとのよりとも）能力4　人気　★★★★★★★★★★★

源義経（みなもとのよしつね）能力8	源義仲（みなもとのよしなか）能力9
源範頼（みなもとののりより）能力2	源義兼（みなもとのよしかね）能力3
能力	能力

1 **源氏の挙兵**（平氏政権）　　次のうち、誰を家来にしますか。2人選んで下さい。

　武蔵坊弁慶（むさしぼうべんけい）義経の側近。義経の死の時には仁王立ちで屋敷を守り、義経の首を渡さなかった。

　佐々木国綱（ささきくにつな）馬術の達人。宇治川を最初に渡り先陣の栄誉を受けた。

　那須与一（なすのよいち）弓の名人。年齢は義経よりも若く合戦当時16才。

　渡辺守国（わたなべもりくに）頼朝の親衛隊。いつも頼朝の側にあって主君を守った。

　比企康元（ひきやすもと）鎌倉幕府成立の中心となった策略家。

2 **石橋山の戦い　　出陣可能兵数9**　　　　　　　兵力＝兵数＋大将能力

　　どの進路を攻撃しますか？

源平合戦　平氏版

1　平氏政権（源氏の挙兵）　次のうち、どの国を領地にしますか？5国を選んで下さい。

武蔵（むさし）・・関東地方、かつて平将門が支配した

能登（のと）・・・能登殿と呼ばれた平敦盛が領国を築いた

紀伊（きい）・・・木の国と呼ばれた林業が盛んな地域

出雲（いずも）・・神話の国、古事記にも登場する古くから栄えた地域

土佐（とさ）・・・四国の中心に位置し、古来より文化が発達

肥後（ひご）・・・九州最大の農業地域、武に優れた一族が多く出た

貫高	貫高	貫高	貫高
貫高	5国合計貫高		

2　石橋山の戦い　出陣可能兵数　　**貫高10＝兵力16**

どの進路に兵を配置しますか？

使用貫高	残存貫高	出陣兵数

第1陣　兵数　　　　　　　　　　　　←──────　▲石橋山

平教盛　第2陣　兵数　　　　　　　　←──────　鎌倉街道　　源氏

第3陣　兵数　　　　　　　　　　　　←──────　▽相模灘

（以下省略）

○進行表（一部）

1　源氏の挙兵　　選択した家来の持つ能力

武蔵坊弁慶　能力6　　　　佐々木国綱　能力8　　　那須与一　能力5

渡辺守国　　能力3　　　　比企康元　　能力1

1　平氏政権　　　選択した国の持つ貫高（経済力）

武蔵　貫高8　　能登　貫高　16　　　紀伊　貫高　15

出雲　貫高5　　土佐　貫高　19　　　肥後　貫高　14

2　進軍する源氏軍に対する効果　　　第1軍　－4　第2軍　0　第3軍　－2

3　水鳥羽ばたいて無条件で源氏の勝ち

7　進軍する源氏軍に対する効果　全軍　－1　源義経軍は＋5　那須与一軍は＋2

全ての戦いで敗れた源氏方部隊の大将は一覧表から消す　全部隊敗退で頼朝の人気－2

壇ノ浦の戦い終戦時に頼朝の人気が1あれば源氏勝利、鎌倉幕府成立

対戦型を取り入れたことで男女を問わずにプリントを楽しむというよりも、真剣勝負に没頭するところまでいくことができた。プリントの進行の中でうまく活躍した家臣や人物がその生徒の「お気に入り」となり、勝負の勝敗を決定的なものとした戦いや出来事が強い印象となった。例えば那須与一という人物については国語科の古典に登場してくることを紹介すると先輩たちに国語の教科書を見せてもらいに行ったり、壇ノ浦の古戦場は修学旅行で通る関門大橋から見えることを紹介するとまたも先輩たちに写真を頼んだりと生徒たちの「知りたい」という意欲をこれまでよりも強く引き起こすことができた。

　今後に向けて基礎・基本の定着との兼ね合いの問題こそが重要な課題であると考えている。現在の学習指導の中で生徒たちの「無気力・無関心」が最も頭の痛い問題である。ゲームを学習プリントに取り込んだことで生徒の興味・関心を引き起こし発展的学習に自発的に取り組む姿勢を作ることができた。これが「無気力・無関心」の問題に対する1つの突破口となったと思う。しかし、発展的内容ばかりに目がいってしまって基礎・基本の定着がうまくいかなかった場合、最終的には高校入試をむかえる生徒たちはテストのたびに基礎・基本の学習内容が定着できていないことを実感してしまう。そうなってしまうと学習プリントは生徒たちにとって「遊び」だけの存在となり、「無駄な時間」となってしまうおそれがある。せっかくの突破口を無駄にしないためには2つのことが必要と考える。1つは発展的内容の調べ学習の成果を発表する機会を設定して生徒たちがみんなから認められたという満足感を得られるとともに、評価に反映してその努力を認めることである。もう1つは生徒の興味・関心を強く引き起こす効果を失わないままに基礎・基本の定着につながる学習プリントを開発することである。どちらも非常に難しい課題であるがこれからも研究を続けていきたいと思っている。

Lesson 01 ザ・ピラミッド

　これはエジプト文明に関するクイズです。失敗するたびにピラミッドの仕掛けが隊員を襲います。無事に王室にたどり着いて財宝を手に入れてください。

1　探検隊を組織してください。○は「元気」を表しています。「元気」がなくなるとその隊員は脱落します。隊長は番号に○をつけてください。さらに、元気の○を合計 10 個書き加えてください。ただし、1 人の最大元気は10 までです。

2　どのピラミッドに挑戦しますか？番号を○で囲んでください。

1　クフ王　　　　　　　2　カフラー王　　　　　　3　メンカウラー王

3　ピラミッド入り口です。まず手始めにピラミッドに関する問題。

（1）　上の3つのうち、エジプト最大のものはどれですか？　　1　2　3

（2）　世界最古の墓はどこにありますか？　　　1　エジプト　　2　フランス　　3　中国　　4　日本

（3）　世界最大の墓はどこにありますか？　　　1　エジプト　　2　フランス　　3　中国　　4　日本

（4）　ピラミッドに埋葬された国王達は「ファラオ」と呼ばれたが、どういう意味ですか？

　　　　　1　神の子　　2　王の子　　3　世界の支配者　　4　予言者

（5）　もともとエジプトの「ファラオ」は、どうやって権力を手に入れたのでしょうか？

　　　　　1　洪水を予言した　　　　　2　人々の病気を治した

　　　　　3　外国との闘いを指導した　　4　ライオンを素手で殺した

4　ピラミッド深くに降りていく道「降道」です。ここではエジプト文明に関する問題。

（1）　エジプト文明の栄えた地域は何川の流域？

　　　1　ナイル川　　　2　インダス川　　　3　チグリス川　　　4　ユーフラテス川

（2）　エジプト文明が発祥した年代は？

　　　1　1万年前　　　2　前3000年　　　3　前2500年　　　4　前1500年

（3）　エジプト文明で採用されたものは？

　　　1　60進法　　　2　7曜制　　　3　太陰暦　　　4　10進法

（4）　エジプト文明で使用されていた文字は？

　　　1　エジプト文字　　　2　甲骨文字　　　3　象形文字　　　4　くさび形文字

（5）　エジプト文明とメソポタミア文明が混ざり合った文化は何と言う？

　　　1　ガンダーラ文化　　　2　オリエント文化　　　3　ヘレニズム文化　　　4　マケドニア文化

5　ピラミッドの中心部、大回廊です。迷路状になっており危険な仕掛けがたくさんあります。
注意しましょう。ここでは写真のギザのスフィンクスに関する問題。

（1）　スフィンクスの胴体は何？

　　　1　ライオン　　　2　ウマ　　　3　イヌ　　　4　ゾウ

（2）　スフィンクスの顔は何？

　　　1　ファラオ　　　2　サル　　　3　女の人　　　4　神

（3）　スフィンクスはいったいいくつくらいある？

　　　1　この写真の1つのみ　　　　　　2　ピラミッドごとに1つずつ

　　　3　エジプトに3つとフランスに1つ　　　4　街中に無数にある

（4）　スフィンクスとはそもそも何者？

　　　1　神話に出てくる女の妖怪　　　　2　エジプトに伝わる守護神

　　　3　ファラオの番犬　　　　　　　　4　炎をつかさどる神

（5）　写真のスフィンクスは顔を破壊されています。その破壊者は誰？

　　　1　アレキサンダー　　　2　マホメット　　　3　ナポレオン　　　4　ハムラビ王

6 　王の葬儀を行ったという祭室に着きました。ここではピラミッドに限らずエジプト人の墓に埋葬されている写真の「死者の書」に関する問題。

（1）「死者の書」が書かれている紙はパピルスというが、何からできている？

1　草　　2　泥　　3　粘土　　4　樹液

（2）「死者の書」で死者を道案内する神の使いは体が人で頭が何？

1　牛　　2　馬　　3　ゾウ　　4　ライオン

（3）「死者の書」で死者が身につけることになっている衣装の色は？

1　赤　　2　黒　　3　白　　4　青

（4）「死者の書」では死者は生きていた頃の行いを裁かれるが、裁きの神はどんな道具を使って裁くか？

1　弓矢　　2　はかり　　3　リンゴ　　4　剣

（5）「死者の書」で死者の魂の価値は正義の羽と比べて決められる。正義の羽と比べられる物は？

1　髪の毛の長さ　　2　心臓の重さ　　3　手の大きさ　　4　耳の長さ

7 　いよいよ王のまつられている王室に来ました。ここでは写真の有名なツタンカーメン王の黄金のマスクに関する問題。

（1）ツタンカーメン王のマスクが発見された場所は？

1　クフ王のピラミッド　　2　ギザのスフィンクスの下

3　王家の谷　　　　　　　4　ナイル川の底

（2）ツタンカーメン王が好んだとされる学問は？

1　数学　　2　天文学　　3　哲学　　4　地質学

（3）ツタンカーメン王は何歳でなくなったと言われるか？

1　14才　　2　20才　　3　88才　　4　250才

（4）ツタンカーメン王はマスク以外にも、黄金の棺桶に守られミイラとなっていたがエジプトではなぜミイラを作ったか？

1　死者の魂は不滅だと考えられていたから

2　王だけ永遠の命を与えられたと考えられていたから

3　乾燥地帯なので自然とミイラになった

4　焼いたり埋めたりすることを恐れたため

（5）ツタンカーメン王のマスクは現在どこが所有しているか？

1　エジプト国王の王宮

2　フランスのルーブル美術館

3　日本の国立博物館

4　フランスのベルサイユ宮殿

8 　最後の一問。ピラミッドの中には写真の「スカラベ」と呼ばれる「太陽の運び役」の置物が無数に作られています。ではこの「スカラベ」と呼ばれる生物は何でしょう？

ヒント：まず写真をよく見てみましょう。現在も比較的よく知られている生物です。

結果 ☐

結果

残り「元気」数 ☐ 個

　　　　　年　　　組　　　名前

感想など

問題	正解	カフラー王	クフ王	メンカウラー王
3-1	2	1，3，7	4，5	3×2
3-2	2	2，5，隊長の前	2，8	2×3
3-3	4	1，7，8	1，3	1×2
3-4	1	2，7，隊長の後	5，7	6×3
3-5	1	3，8，隊長の前後	全員	8×3
4-1	1	2，4，6	3，5	4×3
4-2	2	1，7，8	4，7	6×3
4-3	4	3，4，7	3，8	5×3
4-4	3	5，6，隊長の前	2，6	1×2
4-5	2	1，7，隊長の後	全員	8×4
5-1	1	1，2，3，4	4，7	1×2，3×2
5-2	3	1，2，4，6	1，2	2×4
5-3	4	3，4，6，8	1，3	5×3
5-4	1	5，6，7，8	5，6	7×3
5-5	3	4，6，8，隊長の前後	全員	8×4
6-1	1	2，4，6，7	3，7，8	1，3，5，7
6-2	1	3，4，7，8	1，2，8	2，4，5，6
6-3	3	2，5，6，7	3，5，8	4，5，隊長の前後
6-4	2	1，4，6，8	4，5，7	3，6，隊長の前後
6-5	2	2，3，6，隊長の前後	全員	2，8，隊長の前後
7-1	3	1，2，3，4，7	1，3，6	全員
7-2	2	3，4，5，7，8	4，6，8	1，3，隊長の前後
7-3	1	1，2，6，7，8	全員	2，7，隊長の前後
7-4	1	4，6，7，隊長の前後	全員	3，6，8
7-5	2	3，5，6，隊長の前後	全員	4，6，隊長の前後
8	フンコロガシ	「元気」を合計4つ消す		

01 ザ・ピラミッド

古代文明のひとつエジプト文明を題材とした4択問題を解きながら、エジプト文明にかかわるさまざまなものに触れていく教材である。4択にゲーム性を持たせるために探検隊を組織するという形式にした。基本的にワークシートのみで進められるが、スライドと連動させることで、よりスムーズに進行することができる。

ピラミッドを征服しよう

エジプト文明に関する問題が連続します。

財宝のある王室をめざす隊員を、失敗するたびにピラミッドの仕掛けが襲います。

制限時間内に解答できれば、何を参考にしても班で相談しても構いません。

そこで、今日の課題は・・・

エジプト文明についての知識を増やす

---

1 探検隊を組織してください

隊長は、番号に○をつけてください。

1 探検隊を組織してください。

○は「元気」を表していて「元気」がなくなるとその隊員は脱落する。「元気」回復することはない。隊長を決め、人形の下の番号に○をつける。さらに、元気の○を合計10個任意の隊員に書き加える。隊員1人の最大元気は10までである。

---

2 挑戦するピラミッドを選びます

 カフラー王ピラミッド

 クフ王ピラミッド

 メンカウラー王ピラミッド

2 どのピラミッドに挑戦しますか?

番号に○をつける。ピラミッドによって隊員たちが受けるダメージが異なる。

---

3 ピラミッド入り口

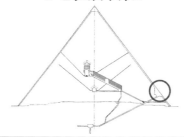

3 ピラミッド入り口

① 1 カフラー王 ②クフ王 3 メンカウラー
② 1 エジプト ②フランス 3 中国 4 日本
③ 1 エジプト 2 フランス 3 中国 ④日本
④ ①神の子 2 王の子 3 世界の支配者
　　4 予言者
⑤ ①洪水を予言 2 病気を治した
　　3 闘いを指導 4 ライオンを殺した

3 ピラミッド入り口

まず手始めにピラミッドに関する問題が5問ある。5問について、ワークシートに○をつけて解答する。スライドは正解を提示する際に用いる。正解かどうかを問題番号の横に○×で記録する。

次に、不正解だった場合に石が落ちてきて隊員がダメージを受ける。表はその大きさを表している。

例えば、カフラー王ピラミッドで①が不正解だった場合、隊員番号の1・3・7が1つずつのダメージを受け、「元気」の○を1つずつ×で消す。カフラー王ピラミッドで②が不正解だった場合は、隊員番号1・5と隊長の前にいる隊員が1つずつダメージを受ける。クフ王ピラミッドで⑤が不正解だった場合は、全隊員が1つずつダメージを受ける。

3 ピラミッド入り口

	カフラー王	クフ王	メンカウラー王
①	1, 3, 7	4, 5	3×2
②	1, 5, ○前	2, 8	2×3
③	1, 7, 8	1, 3	1×2
④	2, 7, ○後	5, 7	6×3
⑤	3, 8, ○前	全員	8×3

メンカウラー王ピラミッドで④が不正解だった場合は、隊員番号6が3つのダメージを受ける。

「元気」の○がなくなった隊員は脱落するので、二重線で消す。

4 ピラミッド深くに降りていく「降道」

ここではエジプト文明に関する問題が5問ある。以下、同様に進めていく。

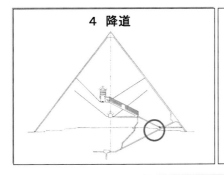

4 降道

① ① ナイル 2 インダス 3 チグリス 4 ユーフラテス
② 1 1万年前 ② 前3000年 3 前2500年 4 前1500年
③ 1 60進法 2 7曜制 3 太陰暦 ④ 10進法
④ 1 エジプト文字 2 甲骨文字 ③ 象形文字 4 くさび形文字
⑤ 1 ガンダーラ文化 ② オリエント文化 3 ヘレニズム文化 4 マケドニア文化

4 降道

	カフラー王	クフ王	メンカウラー王
①	2, 4, 6	3, 5	4×3
②	1, 7, 8	4, 7	6×3
③	3, 4, 7	3, 8	5×3
④	5, 6, ○前	2, 6	1×2
⑤	1, 7, ○後	全員	8×4

5 ピラミッドの中心部大回廊

迷路状になっており危険な仕掛けがたくさんあり、隊員の受けるダメージが大きくなる。ここではギザのスフィンクスに関する問題が5問ある。

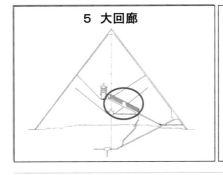

5 大回廊

① ① ライオン 2 ウマ 3 イヌ 4 ゾウ
② 1 ファラオ 2 サル ③ 女の人 4 神
③ 1 1つのみ 2 ピラミッドごとに1つずつ 3 エジプト3フランス1 ④ 無数にある
④ ① 女の妖怪 2 守護神 3 ファラオの番犬 4 炎をつかさどる神
⑤ 1 アレキサンダー 2 マホメット ③ ナポレオン 4 ハムラビ王

5 大回廊

	カフラー王	クフ王	メンカウラー王
①	1, 2, 3, 4	4, 7	1×2, 3×2
②	1, 2, 4, 6	1, 2	2×4
③	3, 4, 6, 8	1, 3	5×3
④	5, 6, 7, 8	5, 6	7×3
⑤	4, 6, 8, ○前後	全員	8×4

6 王の葬儀を行ったという祭室

ここではピラミッドに限らずエジプト人の墓に埋葬されている写真の「死者の書」に関する問題が5問ある。ピラミッドの構造に触れながら進めていくと良い。隊長が脱落した場合は、残っている隊員の中から新しい隊長を決め、番号に○をつける。

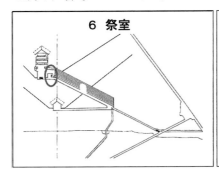

6 祭室

① ① 草 2 泥 3 粘土 4 樹液
② ① 牛 2 馬 3 ゾウ 4 ライオン
③ 1 赤 2 黒 3 白 4 青
④ 1 弓矢 ② はかり 3 リンゴ 4 剣
⑤ 1 髪の毛の長さ ② 心臓の重さ 3 手の大きさ 4 耳の長さ

6 祭室

	カフラー王	クフ王	メンカウラー王
①	2, 4, 6, 7	3, 7, 8	1, 3, 5, 7
②	3, 4, 7, 8	1, 2, 8	2, 4, 5, 6
③	2, 5, 6, 7	3, 5, 8	4, 5, ○前後
④	1, 4, 6, 8	4, 5, 7	3, 6, ○前後
⑤	2, 3, 6, ○前後	全員	2, 8, ○前後

7　王のまつられている王室

ここでは有名なツタンカーメン王の黄金のマスクに関する問題が5問ある。

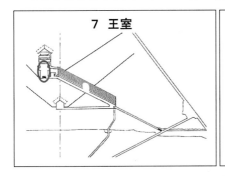

7　王室

① 1 クフ王のピラミッド　2 スフィンクスの下
　③ 王家の谷　4 ナイル川の底
② 1 数学　②天文学　3 哲学　4 地質学
③①14才　2 20才　3 88才　4 250才
④①魂は不滅　2 王だけ永遠の命
　3 自然となった　4 恐れたため
⑤ 1 エジプトの王宮　②ルーブル美術館
　3 日本の国立博物館　4 ベルサイユ宮殿

7　王室

	カフラー王	クフ王	メンカウラー王
①	1, 2, 3, 4, 7	1, 3, 6	全員
②	3, 4, 5, 7, 8	4, 6, 8	1, 3, ○前後
③	2, 4, 6, 7, 8	全員	2, 7, ○前後
④	4, 6, 7, ○前後	全員	3, 6, 8
⑤	3, 5, 6, ○前後	全員	4, 6, ○前後

8　最後の一問

　ピラミッドの中には写真の「スカラベ」と呼ばれる「太陽の運び役」の置物が無数に作られている。この「スカラベ」と呼ばれる生物は何だろう？

　解答は具体的に書く。例えば、鳥とか虫とかではなくカラスやカブトムシというように答える。ヒントとして、ワークシートの写真をよく見てみると、現在も比較的よく知られている生物だとわかる。

　正解はフンコロガシである。フンコロガシが転がしているのが太陽ということになる。不正解の場合は、残っている隊員の「元気」の○を4つ消す。

8　最後の問題

「スカラベ」と呼ばれる生物は何でしょう？
解答は具体的に書いてください。
　×　鳥　　○　カラス
写真をカラーで見ると一目瞭然です。

8　最後の問題

フンコロガシ

8　最後の問題

「元気」の○を、合計4個消す

最終結果

残った「元気」の数を記入してください。
財宝を手に入れるための条件は
　残り「元気」の数が‥‥　3　以上あること。

最終結果

　残った隊員の「元気」の○を数えて記入欄に書く。その数が3以上で財宝が手に入るということになる。

ザ・ピラミッド

感想を記入してください。

　終了後には感想を書くが、4大文明というように、その1つのエジプト文明がこれほど奥深いものだと実感できることと思われる。先の時間で別の文明を扱う場合や、別の文明の調べ学習をおこなう場合のモチベーションにも繋がることが期待できる。

ザ・聖徳太子

歴史学習で実質最初に登場する「人物」が聖徳太子である。多くの逸話や功績があり、教科書・資料集にもさまざまな記載がある。ここで、班で協力し、短い時間で調べ学習をおこなう活動を考えた。

Guide

一度に3問の〇× 問題を提示し、3分の制限時間内に調べて解答を書く。これを各班が一斉に出すようにする。基本的には末尾にある解答用紙を提出する方法でできるが、タブレットを用いて表示するなど工夫によってより円滑に進められる。

ザ・聖徳太子

班対抗で問題を解いていきます。
何を参考にしても構いません。
一度に3問について〇か×を書きます。

そこで今日の課題

聖徳太子の
偉大さを知る

ザ・聖徳太子　第1問

①聖徳太子の別名は、厩戸皇子である。

②聖徳太子は、隋との国交を開いた。

③法隆寺は、世界遺産である。

第1問では3つの文が提示される。
①聖徳太子の別名は，厩戸皇子である。
②聖徳太子は，隋との国交を開いた。
③法隆寺は，世界遺産である。

これらが正しければ「〇」誤っていれば「×」と解答する。3分の時間を利用して確実に正解を書けるように調べる。

結果、正解は全て〇である。正解1つにつき1点として、各班の点数を表示しながら進めていく。以下、第2問から第5問まで同様に進めていく。

第5問が終わったところで、「メモ時間」を取る。第6問からは教科書などを見ることができなくなるため、5分間でできる限りのメモをノートに書いておく。生徒たちは、多くの情報を書きとろうとして役割を分担するなどの協力をすると思われる。そして、班員の書いたメモが解答するうえで役に立ったという場面が何度も訪れることになる。

ザ・聖徳太子　第2問

①冠位十二階で重視されたのは、能力と功績である。

②聖徳太子は、推古天皇の摂政になった。

③これは、新羅の弥勒菩薩像である。

第6問からは、ノートに書いたメモだけを見て解答することになる。このため、制限時間は2分に短縮される。進め方自体はこれまでと同様である。最終問は得点を2倍と設定した。

ザ・聖徳太子　第6問

①聖徳太子は、冠位十二階より先に十七条憲法を定めた。

②聖徳太子は、進んだ文化を取り入れるために遣隋使を派遣した。

③法隆寺は、奈良県にある。

この活動を通して、聖徳太子についての豆知識が多数得られることになる。これらを整理していったり、これらのうちのどれかについて調べてまとめさせたりなど、その後の展開はさまざま考えられる。いずれにせよ、それに取り組む生徒たちのモチベーションが高い状態にもっていくことができる。

ザ・聖徳太子　最終問　得点2倍

①聖徳太子は、生きている間に「聖徳太子」と呼ばれたことはない。

②法隆寺は、シルクロードの影響を受けている。

③聖徳太子の手紙については、「隋書倭人伝」に記録されている。

ザ・聖徳太子

次の時間にしっかりとまとめますよ。

聖徳太子の解答	聖徳太子の解答
班	班
①	①
②	②
③	③

Lesson 03 ザ・中臣鎌足

645年、中臣鎌足は中大兄皇子（なかのおおえのおうじ）とともに、朝廷で権力を独占していた蘇我蝦夷（そがのえみし）とその子・蘇我入鹿（そがのいるか）を倒し、政治改革を行いました。これを大化の改新といいます。

写真は鎌足誕生の地（奈良県）。大化の改新の主人公・中臣鎌足の通った道をたどっていきましょう。鎌足の道を選択してください。

正解するとカマタリ・ポイントが増え、「鬼」を選んでしまうとカマタリ・ポイントが減ります。どこまでポイントを上げられるか考えていきましょう。

★はその問題のカマタリ・ポイントを表しています。

---

1 写真は蘇我氏が建てた仏教寺院の飛鳥寺、聖徳太子の政治以来、日本は仏教の国となっていた。中臣氏はもともと神官を務めていた一族で、仏教が日本に伝わったときに、これに反対して蘇我氏と争ったために滅ぼされたという過去があった。

鎌足は仏教をどうしますか？ ★

- ☐ 厚く信仰する
- ☐ 形だけ信仰する
- ☐ 信仰しない

---

2 少年時代の鎌足、趣味として何を身につけますか。★

- ☐ 蹴鞠（けまり、球を蹴り上げる貴族の遊び）　　☐ 弓　　☐ 絵

---

3 写真は南淵請安（みなみぶちのしょうあん）が開いた塾の跡。請安のように遣唐使として中国に渡って学んできた者を蘇我氏は保護した。鎌足もこの塾に通っていたが同じ塾生に宿敵となる蘇我入鹿がいた。

入鹿とはどのような関わり方をしますか？ ★★

- ☐ 無視して過ごす
- ☐ 仲良くして観察する
- ☐ 入鹿が優れた人物だったので親友としてつき合う

4 　写真は蘇我氏の館跡。蘇我入鹿は政治の最高責任者となった。入鹿は朝鮮半島の情勢を考えて
これまでの百済だけとの関わりから高句麗・新羅とも対等に関わる方向への転換を行った。鎌足も
この考えには賛成であった。しかし、聖徳太子の子で次期天皇候補の山背皇子（やましろのおうじ）
がこの政策に強く反対した。

　鎌足は入鹿から山背皇子の暗殺を相談された。
どう答えますか？ ★

☐　協力する
☐　賛成するが協力はしない
☐　反対する

5 　写真は蘇我蝦夷・入鹿が屋敷を建てた甘樫（あまかし）丘。蝦夷の屋敷は「上の宮門（みかど）」、
入鹿の屋敷は「谷（はざま）の宮門」とよんだ。甘樫丘からは都を見下ろすようになり、天皇の
住居も下に位置する。屋敷の周りには柵がめぐらされ、火災に備えて水槽も置かれていた。門には
武器庫があり、いつも護衛が警護していた。このころから鎌足は打倒蘇我氏を決意する。

　そのために何を勉強しますか？ ★★

☐　弓の武術書
☐　中国の兵法書
☐　天文学書

6 　鎌足は最初に次の皇位（天皇の位）継承者軽皇子（かるのおうじ）と接触し、軽皇子が皇位に
つくよう働きたいと申し出る。しかし、蘇我氏を倒すような力がないと判断した。

　どうしてでしょうか？ ★

☐　遊び好きだった　　　☐　お金に欲深かった　　　☐　おしゃべりすぎた

7 　写真は鎌足が中大兄皇子と出会ったとされる飛鳥寺西の門跡地。中大兄皇子はこの時、思わぬ
失敗をしてしまったところだった。

　その運命の出会いの場は何だったでしょうか？ ★

☐　蹴鞠（遊び）の会で皇子は勢いよく蹴りすぎて
　　靴をとばしてしまった
☐　宴会で皇子は酒に酔いすぎて建物の壁を壊して
　　しまった
☐　お葬式で皇子は前の日に遅くまで勉強していた
　　ために居眠りをしてしまった

8　　この時、鎌足は、まだ10代の若者中大兄皇子に、この人こそ自分の探し求めていた君主である
と感じた。

その理由は何でしょうか？★★★

☐　皇子は靴をとばしてしまったにもかかわらず、平然と素足で続けたから
☐　鎌足が皇子の靴を拾って差し出すと、皇子はひざまづいて靴を受け取ったから
☐　皇子が靴をとばしたのは、蹴鞠が下手な貴族をかばうためであったから

9　　写真は鎌足らが暗殺の相談をしたという多武峰（とうのみね）にある談山（たんざん）神社。
鎌足は蘇我入鹿が国を乗っ取ろうとしていると中大兄皇子に語りかけた。中大兄皇子は鎌足に言っ
た。「入鹿は横暴である。これをいかにしたらよいのか。どうか作戦を述べてほしい。」「ああ皇子
もそうお思いですか。それなら密かに都の東にそびえる倉橋山の神山に入って作戦をめぐらしましょ
う。」この神山は聖地であり祭場でもあった。

この山一帯を本居地としていたのが中臣一族で、
天皇家の神を祭ることを仕事としていた。5月の神山
での相談によって1か月後に決行することとした。ま
ずは協力者を探した。

娘を中大兄皇子の嫁に迎えることで誰を最初に味
方に付けますか？★★

☐　貴族第一の武術者　　　佐伯連子麻呂（さえきのむらじこまろ）
☐　次の天皇候補の一人　　古人大兄皇子（ふるひとのおおえのおうじ）
☐　蘇我氏2番目の有力者　蘇我倉山田石川麻呂（そがのくらやまだいしかわまろ）

10　　写真は鎌足らが暗殺の成功を誓い合ったという「談所（たんんじょ）の森」。
鎌足らは暗殺実行の場としてどこを選んだでしょうか？★★★

☐　舟遊びの池
☐　天皇の目前
☐　朝鮮使節の宿泊所

11　　蘇我石川麻呂は蘇我入鹿とともに予定の場所に入る。どこへ行くにも常に剣を身につけている用
心深い入鹿だったが、剣を持って入らないようにするために、剣を預けさせてしまうような策を考え
た。どのような方法で剣を預けさせたのでしょうか？★★

☐　美しい女の人を使って油断させた
☐　召使いに天皇の命令だと言わせた
☐　お笑い芸人を使って笑わせた

12 写真は蘇我入鹿暗殺の舞台となった飛鳥板蓋宮（あすかいたふたのみや）跡。天皇の前には、古人大兄皇子、蘇我入鹿、蘇我石川麻呂の3人が進み出た。20mほど離れて、長槍を持った中大兄皇子（20歳）、弓矢を持った中臣鎌足（32歳）、さらに暗殺の実行者の佐伯連子麻呂、葛城稚犬養連網田（かずらぎのわかいぬかいのむらじあみた）が隠れていた。石川麻呂が上表文を読み始めたら暗殺者が飛び出して入鹿を斬りつけ、これを中大兄皇子、中臣鎌足が援助することになっていた。宮の門を固めて準備が整う。石川麻呂が上表文を読み上げ始めた。しかし、何も起こらない。この時、2人の暗殺者は入鹿を恐れて飛び出せなくなっていた。次第に石川麻呂は声も体も震え、抑えることができなくなる。その様子を入鹿が見て不審に思い声をかけると、石川麻呂は「帝の前だから緊張している」と答えた。

　　入鹿に気づかれる前にどうしますか？ ★★★★

- ☐ 自分が最初に入鹿に斬りかかる
- ☐ 大声で叫んで暗殺者に行動を起こさせる
- ☐ 突然苦しみだして入鹿の目をごまかす

13 写真は入鹿暗殺の瞬間、柱の陰に隠れていた中大兄皇子が剣を抜いて頭から肩にかけて斬り、子麻呂が足を斬りつた。「私に何の罪があるのか」と叫ぶ入鹿に「皇子を殺して天皇の力を衰えさせようとしている」と答える中大兄皇子、目の前で暗殺を見ていた天皇は奥に立ち去った。子麻呂と犬養連網田がさらに入鹿を斬りつけ、入鹿は息絶えた。

　　入鹿の死体はどうしますか？ ★★

- ☐ はりつけにした
- ☐ 蘇我屋敷に送った
- ☐ 外に放り出した

14 写真は飛鳥寺西門から見る蘇我屋敷のあった甘樫丘。事態を知った入鹿の父蝦夷は甘樫丘の屋敷にたてこもった。ここに蘇我氏と関係の深い東漢氏（やまとのあやうじ）の兵達も集結した。正午近く、鎌足や中大兄皇子たちは飛鳥川を挟んで東にある飛鳥寺に入り、ここを押さえた。

　　蝦夷に対してはどうしますか？ ★★★

- ☐ 軍勢の数が多くなったので一気に滅ぼした
- ☐ 屋敷を取り囲んで食料がなくなるのを待った
- ☐ 入鹿との縁を通じてあきらめるように説得した

15 　写真は入鹿の首塚。蘇我入鹿の暗殺を乙巳の変（いっしのへん）という。その後、大化の改新の政治改革が進められていくことになる。ここで、蘇我氏の血を引く古人大兄皇子が次期天皇にとされていたが、無能な軽皇子を孝徳天皇として、鎌足らは思うように改革を進める。

　不満を持つ古人大兄皇子をどうしますか？ ★★

- ☐ 酒と遊びにおぼれさせた
- ☐ 反逆の疑いをかけて殺してしまった
- ☐ 自分の娘を結婚させて完全に味方につけた

16 　写真は鎌足らが大化の改新を進めたという水落（みなおち）遺跡。鎌足は藤原という名前を授かり、政治の中心人物になっていた。こうなると蘇我一族でありながら蘇我入鹿暗殺に協力し、右大臣にまでなった蘇我石川麻呂の存在が鎌足にとっては問題になってきた。

　蘇我石川麻呂をどのようにしますか？ ★★

- ☐ 反逆の疑いをかけて殺してしまった
- ☐ 九州の役人にして遠くに追い払ってしまった
- ☐ 中臣の名前を与えて蘇我一族ではなくしてしまった

17 　写真は中大兄皇子が天智天皇となって政治を行ったという難波長柄豊碕宮（なにわながらとよさきのみや）。

　中大兄皇子と中臣鎌足らが蘇我入鹿を暗殺したことをきっかけに行っていった一連の政治改革のことを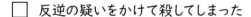「大化の改新」という。

　この大化の改新の最大の目的は何だったのでしょうか？ ★★★★★

- ☐ 蘇我氏の関係者を政治に関わる立場から全て追い払うこと
- ☐ 天皇の力を強くして豪族達を完全に支配すること
- ☐ 一度は滅ぼされた中臣氏を藤原氏として政治の中心にしていくこと

カマタリ・ポイント集計表

<table>
<tr><td></td><td></td><td></td><td></td><td></td><td></td><td></td><td></td><td></td><td></td><td></td><td></td><td></td><td></td><td></td><td></td><td></td><td></td></tr>
<tr><td></td><td></td><td></td><td></td><td></td><td></td><td></td><td></td><td></td><td></td><td></td><td></td><td></td><td></td><td></td><td></td><td></td><td></td></tr>
<tr><td></td><td></td><td></td><td></td><td></td><td></td><td></td><td></td><td></td><td></td><td></td><td></td><td></td><td></td><td></td><td></td><td></td><td></td></tr>
</table>

結果　　　　　　　　　　点

年　　組　　名前

感想・考えられる改良点・新しいネタなど

中臣鎌足　進行表

＊正解したら問題に示されている★の数のポイントを加算する
＊「鬼」を答えてしまったら★の数だけポイントを減らす
＊最終的に20ポイントで「改革成功！」

問題	正解	鬼	解説
1	厚く信仰する	信仰しない	聖徳太子の十七条憲法によって義務づけられていた
2	弓		貴族が武術を学ぶのは珍しかった
3	入鹿が優れた人物だったので親友としてつき合う	無視して過ごす	蘇我氏の建てた塾に通っていた
4	賛成するが協力はしない		立場上反対できずこのころから蘇我氏の横暴が目立ち始めた
5	中国の兵法書		六韜（りくとう）といい、三国志に登場する諸葛亮公明も学んだ
6	おしゃべりすぎた		鎌足も中大兄皇子もたいへん無口な人であったという
7	蹴鞠の会で皇子は勢いよく蹴りすぎて靴をとばしてしまった	酒に酔って壁をこわした	当時はまだ酒をみんなで飲むというのは身内に限られていた
8	鎌足が皇子の靴を拾って差し出すと、皇子はひざまづいて靴を受け取ったから		「礼」「徳」が大切にされた
9	蘇我倉山田石川麻呂		六韜に敵の二番手を味方に付ける戦術が記されている
10	天皇の目前		天皇にお目通りできる人数が少ないことを生かした
11	お笑い芸人を使って笑わせた	天皇の命令	お面をつけて面白おかしく踊る仕事の人がいた　疑い深い入鹿に天皇の命令は逆効果
12	自分が最初に入鹿に斬りかかる	大声で叫んで暗殺者に行動を起こさせる	中大兄皇子も同じことを考え、二人が同時に斬りかかったという　大声は異変を周囲に知られてしまう
13	外に放り出した	はりつけにした	死者を痛めつけるのは不徳
14	入鹿との縁を通じてあきらめるように説得した	一気に滅ぼした	蘇我屋敷は防備が堅かった
15	反逆の疑いをかけて殺してしまった		中大兄皇子が古人大兄皇子とは仲が悪かったという
16	反逆の疑いをかけて殺してしまった		蘇我一族を完全に滅ぼしてしまうように指示されたという
17	天皇の力を強くして豪族達を完全に支配すること	一度は滅ぼされた中臣氏を藤原氏として政治の中心にしていくこと	鎌足に私欲がなかったからこそ成功したのだといわれる

ザ・中臣鎌足

　「ザ・中臣鎌足」は、中臣鎌足を主人公として連続する三択問題に答えながら、大化の改新のようすを感じ取っていく教材である。しくみは大変シンプルで、３つの選択肢のどれかを選んでチェックをつけ、それが正解だった場合はカマタリポイントを得ることができる。獲得したカマタリポイントは、集計表の左上から★を記入していくことで記録していく。選んだ答えが、選んではならない「鬼」であった場合はカマタリポイントを失い、集計表にある★を左上から × で消していく。カマタリポイントは問題ごとに設定されており、問題文の後ろに★の数で示してある。最終的に残った★の数が、獲得したカマタリポイントとなる。

Guide

　進行はスライドでおこなう。これもシンプルな作りになっていて、すべての問いが同じ構造になっている。ここでは、第３問の部分を用いて説明する。

　最初に簡単にした問題文とこの問題のカマタリポイント、３つの選択肢が示される。この段階で生徒は１つを選択して、□にチェックを入れる。

　次に正解が〇で示される。この段階で正解した生徒はカマタリポイントを集計表に記入する。この問題の場合は２点である。ここで、正解に関して説明を加える。簡単な解説は、ワークシートの最後にある「進行表」に示してある。

　最後に「鬼」が示される。飛び出してきた「鬼」が消えてしまった場合は、その問題には「鬼」がないことを表している。「鬼」を選んでしまった生徒は集計表からカマタリポイントを消すことになる。なお、カマタリポイントはマイナスになることはなく、０になったらそれより減らすことはしない。「鬼」についての説明も、この時代のようすを感じ取るための材料となっている。

　さまざまな挿話や説明によって、生徒が当時の人たちはどのように感じたか、考えたかと推測するように進めていきたい。

　ゲーム要素を加えるなら、班で相談して決めるとか、教科書やインターネットを使って調べても良い回数を設定するなどといった工夫ができる。

Lesson 04 ザ・遣唐使船

奈良時代から平安時代にかけて、唐に派遣された遣唐使。当時の未熟な航海技術では、無事に帰って来ることは非常に困難でした。しかし、多くの人物が遣唐使船で海を渡ったのは、帰国すれば世の人から尊敬され、財を築き、出世栄達が約束されていたからです。遣唐使船の責任者となり、大願を果たすことを目指しましょう。

目的　遣唐使船を合計3回派遣して「財」と「徳」を手に入れます。最終的に「財」は寄進し、「徳」に換算します。多くの「徳」を積み、太政大臣になることを目指します。

進め方　①遣唐使船の積み荷を決定します。12個まで積み込むことができます。

　　　　国書・・・唐に届けて返書を持ち帰ると、大きな「徳」を得られます。

　　　　人物・・・往復させると、それぞれに応じた「財」か「徳」を得られます。

　　　　　　　　また、それぞれに応じて航海中に活躍することがあります。

　　　　「力」・・・腕力です。作業や戦闘に役立ちます。

　　　　「オ」・・・往復させたときに得られる「徳」の基本値です。

　　　　「位」・・・地位です。高いと乗船させるために費用が多く必要です。

②往路では、いくつかの中継点を通りながら航海を進めます。途中で積み荷を失うことがあります。

③唐では、積み荷を全て精算し「財」を増やします。新しく積み荷を入れ替えることができます。

④復路は、往路と同様に航海を進めます。

⑤帰国後、積み荷を全て精算し、「財」と「徳」を増やします。

運数Ａ（　　）運数Ｂ（　　）Ａ・Ｂともに1〜5の中から選択します。

記録表　左上から〇で示し、なくなったら左上から×で消していきます。

財	〇	〇	〇	〇	〇	〇	〇	〇	〇	〇							
徳	〇	〇	〇	〇	〇												

最終結果

「財」を寺院に寄進して、「徳」にします。その割合は、「財」（　　）で「徳」1です。

　　　「徳」合計数・・・（　　　　）

　　　　太政大臣就任　成る・成らず

年　　組　　名前

感想・考えられる改良点・コメント

①積み荷を決定し、どこに乗せるかを下の積み荷表に記入します。

　〇国書「国書」・・・　1つしか手に入れられません。返書を持ち帰ると大きな徳につながる上、
　　　　　　　　　　　　無償です。

　〇商品　「商」　・・・　唐で3倍以上の高い値段で売れます。1つにつき、「財」2が必要です。

　〇人物「名字」・・・　「位」分の「財」か「徳」が必要です。例えば、「位」が4の人物を招く
　　　　　　　　　　　　ためには、「財」1と「徳」3というように、合わせて4が必要です。
　　　　　　　　　　　　何人でも招くことができます。

人物名		カ	オ	位
山上憶良 （やまのうえのおくら）	『万葉集』に78首が撰ばれており、奈良時代を代表する歌人として評価が高かった。	2	7	5
伊吉博徳 （いきのはかとこ）	古代の様子を推測できる貴重な記録『伊吉博徳書』を遣唐使船で渡航した際に記した。	3	2	2
道昭（どうしょう）	高名な玄奘三蔵の弟子となって法相教学を学び、天武天皇の命令で往生院を建立した。	1	5	3
定恵（じょうえ）	父は中臣鎌足、あちこちを学び歩き内経外典（あらゆる経文）に詳しくなった。	4	5	5

第1回航海＜往路＞　積み荷表											
1	2	3	4	5	6	7	8	9	10	11	12
財徳	財徳	財徳	財徳	財徳	財徳	財徳	財徳	財徳	財徳	財徳	財徳

②瀬戸内海　　流れの速い「音戸瀬戸」を全員で協力して航海します。

③福江島　　　大宰府の出張所があります。

④唐　　　　　商品を販売します。販売価格は1つにつき、「財」（　　　　）です。

　　　唐での新しい積み荷を、積み荷表に記入します。

　　　　〇返書・・・国書を渡し、返書を受け取ります。（無償）

　　　　〇商品・・・帰国後に高く売れます。1つにつき、「財」2が必要です。

　　　　〇人物・・・次の人物が乗船を希望しています。空きがあれば乗せられます。（無償）

人物名		カ	オ	位
法聡（ほうそう）	唐から渡り多くの寺院に招かれ、薬師寺、法眼寺に教典を残した。			

第1回航海＜復路＞　積み荷表											
1	2	3	4	5	6	7	8	9	10	11	12
財徳	財徳	財徳	財徳	財徳	財徳	財徳	財徳	財徳	財徳	財徳	財徳

⑤済州島　嵐を避けるために遠回りをしています。

⑥帰国　　返書を朝廷に届けます。これにより、「徳」（　　　）を積みます。
　　　　　商品を販売します。販売価格は1つにつき、「財」（　　　）です。
　　　　　渡航させた人物に応じて「徳」を積みます。

第2回　航海

①積み荷を決定し、どこに乗せるかを下の積み荷表に記入します。
　　　〇国書・・・1つしか手に入れられません。（無償）
　　　〇商品・・・唐で高く売れます。1つにつき、「財」2が必要です。
　　　〇人物・・・「位」の値分の「財」か「徳」が必要です。何人でも招くことができます。

人物名		カ	オ	位
阿倍仲麻呂 （あべ のなかまろ）	朝廷始まって以来の天才と言われ、唐で科挙に合格し高い位の役職に就いた。	1	7	6
吉備真備 （きびのまきび）	唐で儒学、天文学、音楽、兵学を学び、経書130巻や日時計、胡弓などを持ち帰った。	5	5	8
玄昉（げんぼう）	唐の皇帝に才能を認められて高位に就き、聖武天皇の母の病気を祈祷により回復させた。	2	5	3
大伴古麻呂 （おおとものこまろ）	鑑真の渡航を唐の役人が禁じたが、独断で乗船させ、帰国後は左大臣に任じられた。	4	6	8
平群広成 （へぐりのひろなり）	帰国途中ベトナムにまで漂流したが、無事帰国し、世界をくまなく知る人と称された。	2	3	2
石上宅嗣 （いそのかみのやかつぐ）	発言や振る舞いに落ち着きがあり、経書・歴史書を好んで、日本最初の図書館を開いた。	4	6	7

第2回航海＜往路＞　積み荷表											
1	2	3	4	5	6	7	8	9	10	11	12
財徳	財徳	財徳	財徳	財徳	財徳	財徳	財徳	財徳	財徳	財徳	財徳

②宇久島　信仰の深い豊かな島です。

③台湾　　朝廷に友好的な人々の島です。

④唐　　　商品の販売価格は1つにつき、「財」（　　　）です。新しい積み荷を積みます。

　　○返書・・・国書を渡し、返書を受け取ります。（無償）

　　○商品・・・帰国後に高く売れます。1つにつき、「財」2が必要です。

　　○人物・・・次の人物が乗船を希望しています。空きがあれば乗せられます。（無償）

人物名		カ	オ	位
鑑真（がんじん）	戒律を厳しく守り名声を得て、5度の失敗の後に渡来し、唐招提寺を寄進された。			
沈惟岳（ちんいがく）	唐の平方学者で、多くの豪族から招かれ、弓、槍、軍学を講義した。			

第2回航海＜復路＞　積み荷表											
1	2	3	4	5	6	7	8	9	10	11	12
財徳	財徳	財徳	財徳	財徳	財徳	財徳	財徳	財徳	財徳	財徳	財徳

⑤東シナ海1　復路は台風を避けるために急ぎの航海が多くなりました。

⑥東シナ海2　遣唐使船は小さかったために、嵐による被害を多く受けました。

⑦東シナ海3　航海の無事を祈る行事があちこちで行われました。

⑧瀬戸内海　島影が見えることに油断してしまうことが多くありました。

⑨帰国　　　返書を朝廷に届けます。これにより、「徳」（　　　）を積みます。

　　　　　　商品を販売します。販売価格は1つにつき、「財」（　　　）です。

　　　　　　渡航させた人物に応じて「徳」を積みます。

①積み荷を決定し、どこに乗せるかを下の積み荷表に記入します。

　　○国書・・・1つしか手に入れられません。（無償）

　　○商品・・・唐で高く売れます。1つにつき、「財」2が必要です。

　　○人物・・・「位」の値分の「財」か「徳」が必要です。何人でも招くことができます。

人物名		力	才	位
橘　逸勢 （たちばなのはやなり）	書に優れ唐人に橘秀才と賞賛され、興福寺南円堂銅燈台銘や伊都内親王願文を記した。	3	4	4
霊仙（りょうせん）	唐で「三蔵法師」の号を与えられ、仏教の秘伝流出を防ぐために帰国を禁じられた。	5	7	5
最澄（さいちょう）	帰国して比叡山に延着寺を開いて天台宗を広め、伝教大師の称号を贈られた。	2	5	3
空海（くうかい）	高野山に真言宗を開いたほか、弘法大師と称されて諸国の乱を治め、多くの書も残した。	3	6	2
円仁（えんにん）	長安から霊山五台山まで約1100キロを徒歩旅行し、大興善寺で金剛界大法を授かった。	8	3	4
小野篁（おののたかむら）	小野妹子の子孫で小野道風の祖父に当たり、その反骨精神から「野狂」とも称された。	4	4	4

第3回航海＜往路＞　積み荷表											
1	2	3	4	5	6	7	8	9	10	11	12
財 徳	財 徳	財 徳	財 徳	財 徳	財 徳	財 徳	財 徳	財 徳	財 徳	財 徳	財 徳

②福江島　　空海がここから日本を離れたという「辞本崖」があります。

③東シナ海　　航海は運任せの時代でした。

④唐　　商品を販売します。販売価格は1つにつき、「財」（　　　）です。

　　　　新しい積み荷を乗せられます。

　　○返書・・・国書を渡し、返書を受け取ります。（無償）

　　○商品・・・帰国後に高く売れます。1つにつき、「財」2が必要です。

　　○人物・・・次の人物が乗船を希望しています。空きがあれば乗せられます。（無償）

遣唐使船

人物名		カ	オ	位
孫興進 （そんこうしん）	唐の高官で、勢力争いから一時逃れるために渡航し、帰国後に宰相の位に就いた。			
鑑真（がんじん）	戒律を厳しく守り名声を得て、5度の失敗の後に渡来し、唐招提寺を寄進された。			
而楊（じよう）	若くして高僧になることを志し、最澄と同じ寺院で修行に励んだ。			

						第3回航海＜復路＞　積み荷表						
1	2	3	4	5	6	7	8	9	10	11	12
財徳	財徳	財徳	財徳	財徳	財徳	財徳	財徳	財徳	財徳	財徳	財徳

⑤台湾　　航海に恐れをなして途中で下船する人も多くありました。

⑥大隅　　復路の遣唐使船が立ち寄りました。

⑦紀伊水道　　潮の流れが複雑な「魔の水道」です。

入口出口	三	運数A→	三
四	航海迷表		二
一	←運数B	出口	四

⑧帰国　　返書を朝廷に届けます。これにより、「徳」（　　　　）を積みます。

　　　　　商品を販売します。販売価格は1つにつき、「財」（　　　　）です。

　　　　　帰国または渡来させた人物に応じて「徳」を積みます。

遣唐使船　進行表

第1回　航海

①積み荷を決定

②瀬戸内海　　音戸瀬戸通過に必要「力」は6に満たない場合は①の積み荷を失います。

　　　　　　　海賊に教われました。「力」が8に満たない場合は積み荷Bが奪われます。

③福江島　　　食料を寄付されます。「財」が（運数B－1）増えます。

　　　　　　　運数Aが2、3の場合は嵐に遭って、積み荷⑤を失います。

④唐　　商品を販売します。販売価格は1つにつき、財」（4）です。

人物名		力	オ	位
法聡（ほうそう）		3	4	

⑤済州島　　　嵐に遭って運数Bと運数B＋2の積み荷を失います。

⑥帰国　　　　返書を朝廷に届けます。これにより、「徳」（16）を積みます。

　　　　　　　商品を販売します。販売価格は1つにつき、「財」（5）です。

　　　　　　　帰国または渡来させた人物に応じて「徳」を積みます。

　　　　　　　山上憶良（7）、伊吉博徳（3）、道昭（6）、定恵（4）、法聡（3）

第2回　航海

①積み荷を決定　　　渡航費用として、財6が与えられました。

②宇久島　　　食料の寄進を受けました。財4を得ました。

　　　　　　　嵐に遭って運数A＋1と運数A＋4の積み荷を失います。

③台湾　　　　疫病が流行って①③⑤の積荷を失います。

④唐　　商品を販売します。販売価格は1つにつき、「財」（6）です。

人物名		力	オ	位
鑑真（がんじん）		2	7	
沈惟岳（ちんいがく）		7	2	

⑤東シナ海1　　運数Aが3、4の場合、嵐で積み荷①⑤鑑真を失います。

⑥東シナ海2　　運数Bが1の場合、嵐で積み荷②⑦鑑真を失います。

⑦東シナ海3　　運数Bが奇数の場合、嵐で積み荷③④鑑真を失います。

⑧瀬戸内海　　海賊に教われました。「力」と運数Aの合計が11に満たない場合は次の積み荷を奪われます。　　　3、A＋3、B－2

⑨帰国　　　返書を朝廷に届けます。これにより、「徳」（18）を積みます。

商品を販売します。販売価格は1つにつき、「財」（7）です。

渡航させた人物に応じて「徳」を積みます。

阿倍仲麻呂（1）、吉備真備（6）、玄昉（6）、大伴古麻呂（5）

平群広成（4）、石上宅嗣（5）、鑑真（16）、沈惟岳（1）

第3回　航海

①積み荷を決定　　　渡航費用として、財6が与えられました。

②福江島　　　　　食料の寄付を受けました。財が（運数B－1）増えます。

③東シナ海　　　　嵐に遭って運数B＋3と運数 B＋1の積み荷を失います。

④唐　　商品を販売します。販売価格は1つにつき、「財」（8）です。

人物名		カ	オ	位
孫興進（そんこうしん）		4	2	
鑑真（がんじん）		1	9	
而楊（じよう）		5	4	

⑤台湾　　　　　沿岸から矢を打たれました。カ＋運数Aが12以下の場合は、積み荷①③を失います

⑥大隅　　　　　嵐に遭って①と運数Aの積み荷を失います。

⑦紀伊水道　　　魔の水道に迷い込みます。入口出口から次の順に右回りで進み、書いてある数分の

「財」か「得」を消していきます。出口に止まれたら脱出です。

A→B→1→B→2→A→3→B→1→1→2→4→A→1→神の情け

⑧帰国　　　返書を朝廷に届けます。これにより、「徳」（20）を積みます。

商品を販売します。販売価格は1つにつき、「財」（10）です。

帰国または渡来させた人物に応じて「徳」を積みます。

橘逸勢（6）、霊仙（7）、最澄（10）、空海（14）、円仁（4）、小野篁（3）

孫興進（2）、鑑真（13、而楊（4）

―― 最終結果 ――

「財」を寺院に寄進して、「徳」にします。その割合は、「財」（2）で「徳」1です。

必要「徳」数・・・（　90　）

Guide 04 ザ・遣唐使船

200年以上にわたって派遣された遣唐使船で、多くの人物が大陸と往来し、さまざまな文物が伝えられた。帰国した人物は重用されたが、命がけの航海であった。当時のようすをできる限り再現した。

ザ・遣唐使船

目的・・・「財」と「徳」を手に入れる
最終的に、「財」は「徳」に換算
多くの「徳」を積み、太政大臣になる

ザ・遣唐使船

今日の課題（平安京のページの左）
遣唐使の苦労と喜びにふれる

ザ・遣唐使船

運数A・Bに、1〜5の中から数字を選んで記入します
同じ数字でも構いません

Guide

ワークシートのはじめに目的と進め方を示している。

奈良時代から平安時代にかけて、唐に派遣された遣唐使。当時の未熟な航海技術では、無事に帰って来ることは非常に困難でした。しかし、多くの人物が遣唐使船で海を渡ったのは、帰国すれば世の人から尊敬され、財を築き、出世栄達が約束されていたからです。遣唐使船の責任者となり、大願を果たすことを目指しましょう。

目的：遣唐使船を合計3回派遣して「財」と「徳」を手に入れます。最終的に、「財」は寄進し、「徳」に換算します。多くの「徳」を積み、太政大臣になることを目指します。

「財」と「徳」はワークシートの記録表に左上から〇で示し、なくなったら左上から×で消していく。次に運を決定する数字である「運数」を設定する。運数Aと運数Bがあり、A・Bともに1〜5の中から選択してワークシートに記入する。進め方は、簡単に言うと遣唐使船に積み荷を積んで唐との間を3往復する間に目的の達成を目指す。

進め方　①遣唐使船の積み荷を決定します。12個まで積み込むことができます。

国書・・・唐に届けて返書を持ち帰ると、大きな「徳」を得られます。
人物・・・往復させると、それぞれに応じた「財」か「徳」を得られます。また、それぞれに応じて航海中に活躍することがあります。

　　「力」・・・腕力です。作業や戦闘に役立ちます。
　　「才」・・・往復させたときに得られる「徳」の基本値です。
　　「位」・・・地位です。高いと乗船させるために費用が多く
　　　　　　　必要です。

②往路では、いくつかの中継点を通りながら航海を進めます。途中で積み荷を失うことがあります。

③唐では、積み荷を全て精算し「財」を増やします。新しく積み荷を入れ替えることができます。

④復路は、往路と同様に航海を進めます。

⑤帰国後、積み荷を全て精算し、「財」と「徳」を増やします。

遣唐使船

第1回　航海＜往路＞

1	2	3	4	5	6	7	8
財徳	財徳	財徳	財徳	財徳	財徳	財徳	財徳

①積荷の決定
国書・・・無償

第1回　航海＜往路＞

1	2	3	4	5	6	7	8
		国書					
財徳	財徳	財徳	財徳	財徳	財徳	財徳	財徳

国書・・・無償
どの場所に乗せるかは自由

第1回　航海＜往路＞

1	2	3	4	5	6	7	8
		国書					
財徳	財徳	財徳	財徳	財徳	財徳	財徳	財徳

人物・・・「位」の分の「財」か「徳」減少
山上憶良を乗せる場合、「位」は5

第1回　航海＜往路＞

1	2	3	4	5	6	7	8
		国書			山上		
財徳	財徳	財徳	財徳	財徳	財3徳2	財徳	財徳

山上憶良を乗せる場合、「位」は5
例えば「財」3、「徳」2で乗せます
記録表の○を減らします

第1回　航海＜往路＞

1	2	3	4	5	6	7	8
	道昭	国書			山上		定恵
財徳	財3徳0	財徳	財徳	財徳	財3徳2	財徳	財2徳3

さらに、道昭と定恵も乗せた場合
必ずしも全員乗せる必要はありません

第1回　航海

①積み荷を決定し、どこに乗せるかを下の積み荷表に記入します。

○国書「国書」・・・1つしか手に入れられません。
返書を持ち帰ると大きな徳につながる上、無償です。

○商品「商」・・・唐で3倍以上の高い値段で売れます。1つにつき、「財」2が必要です。

○人物「名字」・・・「位」分の「財」か「徳」が必要です。例えば、「位」が4の人物を招くためには、「財」1と「徳」3というように、合わせて4が必要です。何人でも招くことができます。

　スライドでは積み荷表の書き方を細かく説明している。まず、無償の国書を積む場所を決め、「国書」と記入する。人物を乗せる場合について山上憶良を例に説明している。人物は一覧表になっており、「力」「才」「位」の数値が設定してある。

人物名		力	才	位
山上憶良 （やまのうえ のおくら）	『万葉集』に78首が撰ばれており、奈良時代を代表する歌人として評価が高かった。	2	7	5

　その説明は上記の通りである。人物を乗せるには、「位」の数値分だけの「財」か「徳」を消費しなくてはならない。スライドでは、山上憶良の「位」が5なので「財」3と「徳」2を消費することを積み荷表に記入している。消費したときに記録表の○を消す。乗せる場所は任意である。さらに「位」3の道昭を「財」3の消費で、「位」5の定恵を「財」2「徳」3の消費で乗せる場合を示している。人物表にある全員を乗せる必要はない。次に商品について説明している。商品1つにつき、「財」2が必要である。記録表の○を消し、積み荷表の空いている場所に記入する。積み荷表のすべての場所を埋める必要はなく、あいている場所ができて構わない。

第1回　航海＜往路＞

1	2	3	4	5	6	7	8
	道昭	国書			山上		定恵
財徳	財3徳0	財徳	財徳	財徳	財3徳2	財徳	財2徳3

商品・・・1つにつき「財」2が必要

第1回　航海＜往路＞

1	2	3	4	5	6	7	8
商	道昭	国書			山上		定恵
財2徳	財3徳0	財徳	財徳	財徳	財3徳2	財徳	財2徳3

商品・・・1つにつき「財」2が必要
あいている場所もできます

第1回　航海＜往路＞

②瀬戸内海
音戸瀬戸の通過に「力」合計4必要
ない場合は「3」の積荷が消失

②瀬戸内海　流れの速い「音戸瀬戸」を全員で協力して航海します。

　音戸瀬戸を通過するためには、乗っている人物の「力」の合計が4必要となる。4あれば何事もなく通過するが、4に満たない場合は、積み荷表の3の積み荷を失い、3の欄を斜線で消す。

第1回　航海＜往路＞

③福江島
食料を寄付されます
「財」が「B−1」増加

第1回　航海＜往路＞

③福江島
Aが2か3の場合嵐に遭遇し
積荷「5」が消失

③福江島　　大宰府の出張所があります。

　食料を寄付され「財」が増える。増える数値は運数B−1である。また、運数Aが2か3の場合は嵐に遭遇し、積み荷表の5の積み荷を失い、5の欄を斜線で消す。

第1回　航海＜往路＞

1	2	3	4	5	6	7	8
商	道昭	国書			山上		定恵
財2徳	財3徳0	財徳	財徳		財3徳2	財徳	財2徳3

④唐
商品・・・1つにつき「財」4が増加

第1回　航海＜往路＞

1	2	3	4	5	6	7	8
商	道昭	国書			山上		定恵
財2徳	財3徳0	財徳	財徳		財3徳2	財徳	財2徳3

人物・・・無事に届けられたら
＜復路＞の船に乗せられます

④唐　　商品を販売します。販売価格は1つにつき、「財」（　　　）です。

　唐に到着する。届けることができた商品は1つにつき「財」4で売却し、計算表に記入する。無事に届けることができた人物に限って復路の船に乗せることができる。

　唐での新しい積み荷を、積み荷表に記入します。
　　○返書・・・国書を渡し、返書を受け取ります。（無償）
　　○商品・・・帰国後に高く売れます。1つにつき、「財」2が必要です。
　　○人物・・・次の人物が乗船を希望しています。空きがあれば乗せられます。（無償）

第1回　航海＜復路＞

1	2	3	4	5	6	7	8
財徳	財徳	財徳	財徳	財徳	財徳	財徳	財徳

唐での積荷を決定
返書・・・国書を無事に届けたら無償

第1回　航海＜復路＞

1	2	3	4	5	6	7	8
返書							
財徳	財徳	財徳	財徳	財徳	財徳	財徳	財徳

人物・・・無償で乗せられるのは
往路で無事に届けた人物
唐からの希望者

第1回　航海＜復路＞

1	2	3	4	5	6	7	8
返書			定恵	法聡			
財徳	財2徳	財2徳	財徳	財徳	財徳	財徳	財徳

商品・・・1つにつき「財」2が必要

第1回　航海＜復路＞

1	2	3	4	5	6	7	8
返書	商	商	定恵	法聡			
財徳	財2徳	財2徳	財徳	財徳	財徳	財徳	財徳

商品・・・1つにつき「財」2が必要
法聡の能力 「力」3、「才」4 を記入

国書を無事に届けた場合に限り、返書を無償で受け取り任意の場所に乗せることができる。人物も無償で乗せられる。乗せられるのは往路で無事に届けられた人物と唐からの希望者である。希望者は表に示されているが、能力値は不明のままである。必ずしも全員を乗せなくともよい。

人物名		力	才	位
法聡 （ほうそう）	唐から渡り多くの寺院に招かれ、薬師寺、法眼寺に教典を残した。			

最後に商品を1つにつき「財」2を消費して乗せることができる。その後、法聡の能力値を提示し人物表の空欄に書き取る。

⑤済州島　嵐を避けるために遠回りをしています。

済州島では嵐に遭い、積み荷表の1と運数 B+1 の積み荷を失い積み荷表の欄を斜線で消す。

第1回　航海＜復路＞

⑤済州島で嵐に遭遇します
積荷「1」と「B+1」が消失

第1回　航海＜復路＞

⑥帰国
返書を朝廷に届け、「徳」が16増加
商品・・・1つにつき「財」が5増加
人物・・・日本に送り届けたら「徳」増加
　山上憶良・・・(7)、伊吉博徳・・・(3)
　道昭・・・(6)、定恵・・・(4)
　法聡・・・(3)

⑥帰国　　返書を朝廷に届けます。これにより、「徳」（　　　）を積みます。
商品を販売します。販売価格は1つにつき、「財」（　　　）です。
渡航させた人物に応じて「徳」を積みます。

帰国して積み荷を清算する。スライドで提示する数値をワークシートの（　）に書き取りながら、計算表に〇を書き足していく。返書を届けられたら「徳」が16増える。

商品は1つにつき「財」5で売却する。人物については日本に送り届けられた場合、提示された数値分の「徳」が増える。例えば、山上憶良は7、法聡は4である。

第2回　航海＜往路＞

①積荷の決定
渡航費用として「財」8が支給された
　国書・・・無償
　人物・・・「位」分の「財」か「徳」減少
　商品・・・1つにつき「財」が2必要

第2回　航海

①積み荷を決定し、どこに乗せるかを下の積み荷表に記入します。
　　○国書・・・1つしか手に入れられません。（無償）
　　○商品・・・唐で高く売れます。1つにつき、「財」2が必要です。
　　○人物・・・「位」の値分の「財」か「徳」が必要です。何
人でも招くことができます。

　渡航費用として「財」8が支給される。第1回の航海と同じ要領
で積み荷を決定する。人物は全員を乗せる必要はなく、また積み
荷表に空欄の場所ができても構わない。

第2回　航海＜往路＞

②宇久島　食料を寄付され「財」4増加
　嵐に遭遇し「A－1」「A＋4」の積荷消失

---

②宇久島　信仰の深い豊かな島です。

　食料を寄付されて「財」が4増加する。また、嵐に遭い積み荷
表の運数 A－1 と運数 A＋4 の積み荷を失う。

第2回　航海＜往路＞

③台湾　あまりの暑さに疫病発生
　積荷の「1」「3」「8」を消失

---

③台湾　　　朝廷に友好的な人々の島です。

　疫病によって1・3・8の積み荷を失う。

第2回　航海＜往路＞

④唐
　商品・・・1つにつき「財」6が増加

第2回　航海＜復路＞
④唐での積荷決定
返書・・・国書を届けられたら無償
人物・・・届けた人物か、希望する人物
すべて無償
商品・・・1つにつき「財」2が必要
人物の能力値を記入
　鑑真・・・・・「力」2、「才」7
　沈惟岳・・・「力」7、「才」2

---

④唐　　　　商品の販売価格は1つにつき、「財」（　　　）です。新しい積み荷を積みます。
　　○返書・・・国書を渡し、返書を受け取ります。（無償）
　　○商品・・・帰国後に高く売れます。1つにつき、「財」2が必要です。
　　○人物・・・次の人物が乗船を希望しています。空きがあれば乗せられます。（無償）

　唐に到着し、商品を1つにつき「財」6で売却する。第1回航海と同様に返書・人物・商品を乗せる。その後、
人物の能力値を提示し人物表に書き取る。

第2回　航海＜復路＞

⑤東シナ海1
「A」が3か4の場合、嵐に遭遇し‥
積荷「1」「5」「鑑真」を消失

⑤東シナ海1　復路は台風を避けるために急ぎの航海が多くなりました。

東シナ海1では運数Aが3か4の場合は嵐に遭い、積み荷の1・5と鑑真を失う。

第2回　航海＜復路＞

⑥東シナ海2
「B」が1か2の場合、嵐に遭遇し‥
積荷「2」「7」「鑑真」を消失

⑥東シナ海2　遣唐使船は小さかったために、嵐による被害を多く受けました。

東シナ海2では運数Bが1か2の場合は嵐に遭い、積み荷の2・7と鑑真を失う。

第2回　航海＜復路＞

⑦東シナ海3
「B」が奇数の場合、嵐に遭遇し‥
積荷「3」「4」「鑑真」を消失

⑦東シナ海3　航海の無事を祈る行事があちこちで行われました。

東シナ海3では運数Bが奇数の場合は嵐に遭い、積み荷の3・4と鑑真を失う。鑑真は日本の渡ることを決意したものの何度も失敗する。失明してしまう困難を乗り越えて渡来するが、なかなか渡れないようすを表している。

第2回　航海＜復路＞

⑧瀬戸内海　海賊の襲撃
撃退に「力」合計8必要
ない場合は「3」「A＋3」「B－2」の
積荷が消失

⑧瀬戸内海　島影が見えることに油断してしまうことが多くありました。

瀬戸内海では海賊の襲撃に遭い、撃退するためには乗っている人物の「力」の合計が8必要である。8に満たない場合は、積み荷の3・運数A＋3・運数B─2を失う。

第2回　航海＜復路＞

⑨帰国
返書を朝廷に届け、「徳」が18増加
商品‥‥1つにつき「財」が7増加
人物‥‥日本に送り届けたら「徳」増加
阿倍仲麻呂‥(1)、吉備真備‥(6)
玄昉‥‥(6)、大伴古麻呂‥‥(5)
平群広成‥‥(4)、石上宅嗣‥(5)
鑑真‥‥(16)、沈惟岳‥(1)

⑨帰国　返書を朝廷に届けます。これにより、「徳」（　　　）を積みます。
商品を販売します。販売価格は1つにつき、「財」（　　　）です。
渡航させた人物に応じて「徳」を積みます。

帰国して積み荷を清算する。スライドで提示する数値をワークシートの（　）に書き取りながら、計算表に○を書き足していく。返書を届けられたら「徳」が18増える。商品は1つにつき「財」7で売却する。人物については、日本に送り届けられた場合、提示された数値分の「徳」が増える。

第3回　航海＜往路＞

①積荷の決定
渡航費用として「財」10が支給された
　国書・・・無償
　人物・・・「位」分の「財」か「徳」減少
　商品・・・1つにつき「財」が2必要

第3回　航海＜往路＞

②福江島
食料を寄付されます
「財」が「A－1」増加

第3回　航海＜往路＞

③東シナ海
嵐に遭遇し・・
積荷「B＋1」「B＋3」を消失

第3回　航海＜往路＞

④唐
商品・・・1つにつき「財」8が増加

第3回　航海＜復路＞

⑤台湾　岸から火矢で襲撃
　撃退に「力」合計＋「A」が14必要
　ない場合、積荷の「1」「3」を消失

第3回　航海

①積み荷を決定し、どこに乗せるかを下の積み荷表に記入します。

　　○国書・・・1つしか手に入れられません。（無償）

　　○商品・・・唐で高く売れます。1つにつき、「財」2が必要です。

　　○人物・・・「位」の値分の「財」か「徳」が必要です。何人でも招くことができます。

　渡航費用として「財」10が支給される。第1回の航海と同じ要領で積み荷を決定する。人物は全員を乗せる必要はなく、また積み荷表に空欄の場所ができても構わない。

②福江島　空海がここから日本を離れたという「辞本崖」があります。

　食料を寄付され、「財」が運数 A—1 増加する。

③東シナ海　航海は運任せの時代でした。

　嵐に遭い、積み荷の運数B+1・運数B+3を失う。

④唐　商品を販売します。販売価格は1つにつき、「財」（　　　）です。

新しい積み荷を乗せられます。

○返書・・・国書を渡し、返書を受け取ります。（無償）

○商品・・・帰国後に高く売れます。1つにつき、「財」2が必要です。

○人物・・・次の人物が乗船を希望しています。空きがあれば乗せられます。（無償）

　唐に到着し、商品を1つにつき「財」8で売却する。これまでの航海と同様に返書・人物・商品を乗せる。その後、人物の能力値を提示し人物表に書き取る。

⑤台湾　航海に恐れをなして途中で下船する人も多くありました。

　台湾では岸からの襲撃に遭い、撃退するためには乗っている人物の「力」の合計と運数 A を足して14必要である。14に満たない場合は、積み荷の1・3を失う。

<table>
<tr><td>

第3回　航海＜復路＞

⑥大隅
嵐に遭遇し‥積荷「A」「4」を消失

</td></tr>
</table>

⑥大隅　　復路の遣唐使船が立ち寄りました。

嵐に遭い、積み荷の運数 A・4 を失う。

<table>
<tr><td>

第3回　航海＜復路＞

⑦紀伊水道　魔の水域に迷い込む
「入口出口」から右回りで進み、
書いてある数の分の「財」か「徳」を
消していきます
「出口」か
「入口出口」に
止まれたら脱出

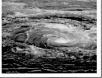

</td></tr>
</table>

⑦紀伊水道　　潮の流れが複雑な「魔の水道」です。

　航海迷表の「入口出口」の欄に船の現在地を示す▽を書く。スライドに示された数値分コマを進めていく。止まったマスにある数字の「財」か「徳」の○を消していく。「入口出口」か「出口」に止まったら脱出となる。一定回数進むと「神の情」と表示され、全員が脱出できる。

<table>
<tr><td>

第3回　航海＜復路＞

⑧帰国
事件発生！
而楊が最後までいた場合
返書が盗難される！
無事だったら‥‥返書を朝廷に届け、
「徳」が22増加

</td></tr>
</table>

⑧帰国　　返書を朝廷に届けます。これにより、「徳」（　　　）を積みます。
商品を販売します。販売価格は1つにつき、「財」（　　　）です。
帰国または渡来させた人物に応じて「徳」を積みます。

　帰国の直前に而楊が船に乗っている場合、「返書」が盗難される。無事に返書を届けられたら「徳」が22増える。

　帰国して積み荷を清算する。スライドで提示する数値をワークシートの（　　）に書き取りながら、計算表に○を書き足していく。商品は1つにつき「財」10で売却する。人物については、日本に送り届けられた場合、提示された数値分の「徳」が増える。

<table>
<tr><td>

第3回　航海＜復路＞

⑧帰国
商品‥‥1つにつき「財」が10増加
人物‥‥日本に送り届けたら「徳」増加
　橘逸勢‥‥(6)、霊仙‥‥(7)
　最澄‥‥(10)、空海‥‥(14)
　円仁‥‥(4)、　小野篁‥‥(3)
　孫興進‥‥(2)、鑑真‥‥(13)
　而楊‥‥(4)

</td></tr>
</table>

<table>
<tr><td>

ザ・遣唐使船

寄進‥‥「財」2につき「徳」1に換算
最終的な「徳」の数を記入
太政大臣就任に必要な「徳」は **90**

</td></tr>
</table>

最終結果
　「財」を寺院に寄進して、「徳」にします。その割合は、「財」2で「徳」1です。

　帰国後の清算が終わったら、残っている「財」を全て寺院に寄進して「徳」に換算する。「財」2につき「徳」1と交換する。最終的に「徳」の合計数を集計表の下にある（　　　）に数値で記入する。
　スライドで太政大臣就任に必要な「徳」の数を90と示す。90あった場合、太政大臣就任となる。

ザ・源平合戦　平氏版

| 平氏 | 名前 | | 対戦相手 | |

1 **平氏政権**（源氏の挙兵）　次のうち、どの国を領地にしますか？5国を選んで下さい。

- ☐ 武蔵（むさし）・・・・・ 関東地方、かつて平将門が支配した
- ☐ 能登（のと）・・・・・ 能登殿と呼ばれた平敦盛が領国を築いた
- ☐ 加賀（かが）・・・・・ 古来より開けた農業地域
- ☐ 紀伊（きい）・・・・・ 木の国と呼ばれた林業が盛んな地域
- ☐ 出雲（いずも）・・・・ 神話の国、古事記にも登場する古くから栄えた地域
- ☐ 土佐（とさ）・・・・・ 四国の中心に位置し、古来より文化が発達
- ☐ 肥後（ひご）・・・・・ 九州最大の農業地域、武に優れた一族が多く出た

貫高	貫高	貫高	貫高
貫高	5国合計貫高		

2 **石橋山の戦い**　**出陣可能兵数**　　貫高10＝兵力16

どの進路に兵を配置しますか？

使用貫高	残存貫高	出陣兵数

第１陣　兵数　　　　　　　　←――――　▲石橋山

平教盛　第２陣　兵数　　　　←――――　鎌倉街道　　源氏

第３陣　兵数　　　　　　　　←――――　▽相模灘

3 **富士川の戦い**　**出陣可能兵数**　　貫高10＝兵力8

どの進路に兵を配置しますか？

使用貫高	残存貫高	出陣兵数

第１陣　兵数　　　　　　　　←――――　富士川　北の渡し

平維盛　第２陣　兵数　　　　←――――　富士川　南の渡し

第３陣　兵数　　　　　　　　←――――　▽駿河湾　　源氏

4 倶利伽羅峠の戦い　　出陣可能兵数　　貫高10＝兵力16

どの進路に兵を配置しますか？

使用貫高	残存貫高	出陣兵数

| 平敦盛 | 第１陣　兵数 | ← 倶利伽羅峠 | 源氏 |
| | 第２陣　兵数 | ← 倶利伽羅峠　山越え |

5 福原京遷都（宇治川の戦い）

平清盛の本拠地播磨の福原に都を移しますか？　　　　　　はい・いいえ

自分が外祖父になる8才の安徳天皇を即位させますか？　　　　はい・いいえ

増加貫高

6 屋島の戦い　　出陣可能兵数　　貫高10＝兵力12

どの進路に兵を配置しますか？

使用貫高	残存貫高	出陣兵数

→ 第１陣　兵数　　　　第２陣　兵数　← 屋島北岸

▲▲

屋島山岳　　| 平宗盛 |　第３陣　兵数　← 屋島中岸　| 源氏 |

→ 第５陣　兵数　　　　第４陣　兵数　← 屋島南岸

7 壇ノ浦の合戦　　出陣可能兵数　　貫高1＝兵力1（残存貫高分出陣可能）　　　　0設定あり

どの進路に兵を配置しますか？

使用貫高	残存貫高	出陣兵数

→ 第５陣　兵数　　　　　　第１陣　兵数　←

→ 第６陣　兵数　　　　　　第２陣　兵数　←　| 源氏 |

| 源氏 |　→ 第７陣　兵数　　　| 平重盛 |　第３陣　兵数　←

→ 第８陣　兵数　　　　　　第４陣　兵数　←

8 結果　勝ち・負け

年　　組　　名前 _____

感想など

ザ・源平合戦　源氏版

源氏	名前		対戦相手	

源頼朝（みなもとのよりとも）能力4　人気　★★★★★★★★★★★	
源義経（みなもとのよしつね）能力8	源義仲（みなもとのよしなか）能力9
源範頼（みなもとののりより）能力2	源義兼（みなもとのよしかね）能力3

能力	能力

1 源氏の挙兵（平氏政権）　　次のうち、誰を家来にしますか。2人選んで下さい。

☐ 武蔵坊弁慶（むさしぼうべんけい）　義経の側近。義経の死の時には仁王立ちで屋敷を守り、義経の首を渡さなかった。

☐ 佐々木国綱（ささきくにつな）・・　馬術の達人。宇治川を最初に渡り先陣の栄誉を受けた。

☐ 那須与一（なすのよいち）・・・・　弓の名人。年齢は義経よりも若く合戦当時16才。

☐ 渡辺守国（わたなべもりくに）・・　頼朝の親衛隊。いつも頼朝の側にあって主君を守った。

☐ 比企康元（ひきやすもと）・・・・　鎌倉幕府成立の中心となった策略家。

2 石橋山の戦い　　出陣可能兵数9　　　　　　　　　　兵力＝兵数＋大将能力

どの進路を攻撃しますか？

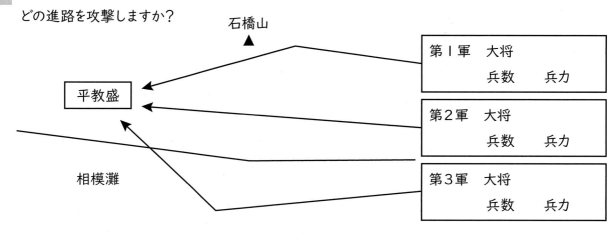

3 富士川の戦い　出陣可能兵数6

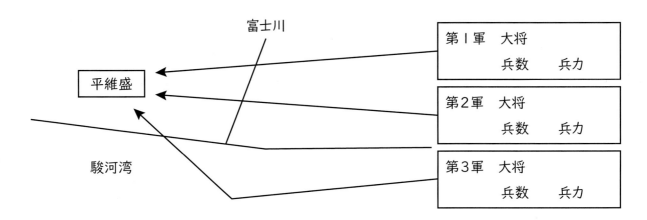

4 倶利伽羅峠の戦い　出陣可能兵数14

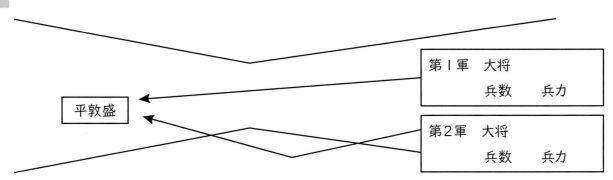

5 宇治川の戦い（福原京遷都）

（　　　　　　）が余りに人気を集めすぎています。成敗しますか？　はい・いいえ
（　　　　　　）の暴行が目立ちすぎています。成敗しますか？　はい・いいえ

6 屋島の戦い　出陣可能兵数11

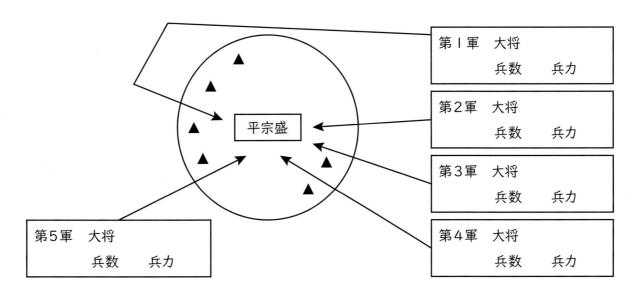

源平合戦

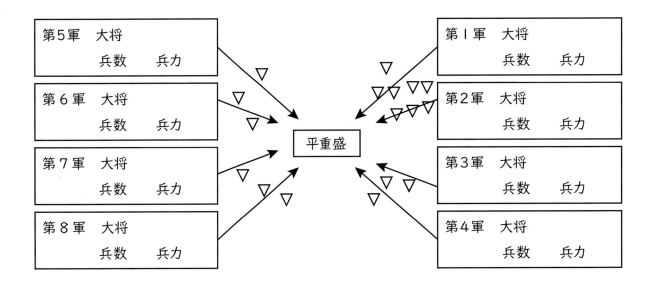

第5軍　大将

　　　　兵数　　　兵力

第6軍　大将

　　　　兵数　　　兵力

第7軍　大将

　　　　兵数　　　兵力

第8軍　大将

　　　　兵数　　　兵力

平重盛

第1軍　大将

　　　　兵数　　　兵力

第2軍　大将

　　　　兵数　　　兵力

第3軍　大将

　　　　兵数　　　兵力

第4軍　大将

　　　　兵数　　　兵力

8 **結果** 勝ち・負け

年　　　組　　　名前

感想など

ザ・源平合戦

「源平合戦」は源氏の挙兵から平氏滅亡までのようすを、1対1の対戦型にしたゲームシミュレーション教材である。源氏方と平氏方に分かれて、源氏が平氏を攻める形で対戦する。源氏は指定された兵数と指揮下にいる大将を合わせて「軍」を設定する。一方の平氏は貫高で表される財を兵数に変換して「陣」を設定する。それぞれの同数の「軍」と「陣」を設定し、同じ番号同士で勝敗をつけていく。スライドショーで進行し、生徒は源氏版・平氏版のワークシートプリントに記入しながら取り組んでいく。

Guide

全体的なこととして、源氏方は指示や計算が複雑であり、平氏方は分かりやすい。また、史実の通り源氏方が有利なるように作られている。学習の課題として、「源平合戦の世界に浸る」と示す。

源氏方が攻め、平氏方が守りで対戦することを知らせ、どちらを担当するか決める。最終的な勝敗の判定は、源氏方の大将・源頼朝の「人気数」である。また、頼朝が討ち取られた場合は、その場で平氏方の勝ちになる。このため、万一にも頼朝が討ち取られないように、史実同様ほとんど戦闘には加わらないことを勧めておく。

源氏方への指示である。源氏方への指示は、赤の背景の画面となる。ワークシートの指示には『1.源氏の挙兵（平氏政権）　次のうち、誰を家来にしますか？2人選んで下さい』とある。

源氏兄弟4人以外に2人の家来を選んで戦うことになる。スライドはその記入例を示している。

源氏方が家来を選んでいる間に、平氏方への指示に移る。平氏方への指示は、緑の背景の画面となる。ワークシートの指示には、『1平氏政権（源氏の挙兵）　次のうち、どの国を領地にしますか？5国を選んで下さい』とある。

スライドはその記入例を示している。平氏方が国を選んでいる間に、源氏方への指示に移る。

源氏の挙兵	
武蔵坊弁慶	能力 6
佐々木国綱	能力 8
那須与一	能力 5
渡辺守国	能力 3
比企康元	能力 1

源氏方が選んだ家来の能力値である。名前の後にある「能力」に続けて数値を記入する

平氏政権	
武蔵	貫高 8
能登	貫高 16
紀伊	貫高 25
加賀	貫高 26
出雲	貫高 15
土佐	貫高 19
肥後	貫高 14

平氏方が選んだ国の貫高（財）である。国名の後にある「貫高」に続けて数値を記入し、5つの国の合計貫高も記入する。

源氏の挙兵		平氏政権	
武蔵坊弁慶	能力 6	武蔵	貫高 8
佐々木国綱	能力 8	能登	貫高 16
那須与一	能力 5	紀伊	貫高 25
渡辺守国	能力 3	加賀	貫高 26
比企康元	能力 1	出雲	貫高 15
		土佐	貫高 19
		肥後	貫高 14

平氏方が計算している間に示しておく、両陣営の数値である。

石橋山の戦い　源氏

出陣可能兵数 9

第1軍　大将　義経8
　　　　兵数 3 兵力11
第2軍　大将
　　　　兵数 6 兵力6
第3軍　大将　守国3　兵力0の軍は不可
　　　　兵数 0 兵力3

源氏方への指示である。ワークシートには、『2　石橋山の戦い 出陣可能兵数9』とある。図の見方として、源氏方は3つの軍に分かれて右から左に向かって攻め、平氏方の大将は平教盛である。第1軍は石橋山を越え、第2軍は平地を進み、第3軍は相模灘を船で進むことになる。出陣可能兵数9を3つの軍に振り分ける。このとき、兵数は0を設定しても良い。3つの軍の大将を決め、名前と能力を記入する。負けた場合は戦死してしまうため、大将がいない軍を設定することもできる。兵数と大将能力を合わせたものが兵力で、兵力0の軍は設定できない。画面は設定例である。

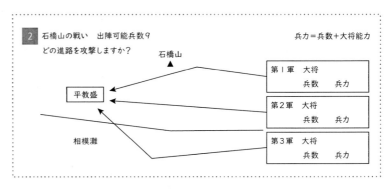

石橋山の戦い　平氏

出陣兵数の決定　貫高10→兵力16
5国合計　53　　貫高20→兵力32

使用貫高10　残存貫高43　出陣兵数16

第1陣　10
第2陣　4
第3陣　2
兵力0の陣は不可

平氏方への指示である。

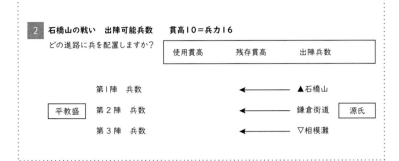

ワークシートには、『2 石橋山の戦い　出陣可能兵数　　貫高10＝兵力16』とある。図の見方として、平氏方の大将・平教盛が3つの陣を敷いて右から攻めてくる源氏方を待ち受ける。源氏方は3つの軍に分かれて攻めてくる。第1軍は石橋山の方から、第2軍は鎌倉街道から、第3軍は相模灘から攻めてくる。出陣可能兵数は、貫高10を消費すると兵力16となる。仮に貫高20を消費すると、兵力32となる。貫高は基本的に増えることはなく、6回の戦いに分けて使っていくことになる。画面は設定例で、合計貫高が53で今回10の貫高を消費した場合である。次に持ち越す残存貫高は43となる。出陣兵数16を3つの陣に振り分けることになる。このとき兵数がそのまま兵力となり、兵力0の陣は設定できない。

石橋山の戦い

第1軍　−4
第2軍　0
第3軍　−2

第1軍　兵力11＝7
第2軍　兵力6
第3軍　兵力1　＝0　マイナスにはならない

源氏方への指示である。行軍による兵力の消耗を反映するために、兵力を補正する。第1軍は山を越えるために体力を消耗して−4、第3軍は船に乗るために体力を消耗して−2とする。画面のように最初に書いた兵力を上から訂正する形で記入する。兵力はマイナスにならず0と記入する。

石橋山の戦い

第1軍　−4
第2軍　0
第3軍　−2

いざ、勝負！
同数の場合は源氏の勝ち

双方の兵力が確定したところで、その数値を確認し合う。第1軍と第1陣が対戦する形で、3つの勝敗を確認する。勝った方に○、負けた方に×をつける。同数の場合は源氏方の勝ちとなる。

石橋山の戦い
戦後処理　源氏のみ

負けた軍1つにつき、人気の☆を1つ消す
負けた軍の大将は、一覧表から消す

源氏方のみが戦後処理をおこなう。負けた軍1つにつき頼朝の人気を示す☆を左から順に×で消す。また、負けた軍の大将は戦死し、一覧表に二重線を引くことで消す。

源平合戦

富士川の戦い

水鳥羽ばたく音におびえて、平氏全軍撤退

源氏方のワークシートには、『3 富士川の戦い　出陣可能兵数6』とある。出陣可能兵数が6で、その他の設定は前回と同様にする。

平氏方のワークシートには、『3 富士川の戦い　出陣可能兵数　貫高10＝兵力8』とある。貫高を10消費したら兵力8、20消費なら兵力16であり、その他の設定は前回と同様にする。双方の設定ができたことを確認して話を進める。富士川の戦いでの平氏の大将は平維盛である。富士川をはさんで両軍が対峙したまま夜を迎えた。維盛はたいへん気が弱く、夜の間、いつ源氏方が攻めてくるかを怯えて過ごした。夜が明け、富士川にいた水鳥が一斉にはばたく音を聞いた維盛は、源氏方の大軍が攻めてきたと思い、戦わずして全軍撤退を指示した。

倶利伽羅峠の戦い

平氏方の誇る「敦盛の舞」で名高い名将・平敦盛が、源氏方の源義仲を迎え撃つ倶利伽羅峠の戦いである。双方のワークシートには、

4　倶利伽羅峠の戦い　出陣可能兵数14
4　倶利伽羅峠の戦い　　出陣可能兵数　　貫高10＝兵力16
とある。ここまでと同様に、双方とも軍と陣を設定する。

倶利伽羅峠の戦い

第1軍　　　0
第2軍　　−5

源義仲軍　＋8

いざ、勝負！
同数は源氏の勝ち

源氏方に補正を加える。第2軍は険しい山を越えるため−5とする。この戦いで源義仲は、牛の背に火をつけて猛り狂わせ、それを峠の砦に突入させる「火牛攻め」をおこなった。大将が源義仲である軍は＋8とする。そのうえで数値を確認し合い、勝った方に〇、負けた方に×をつける。同数の場合は源氏方の勝ちとなる。その後、源氏方のみが前回と同様に戦後処理をおこなう。

宇治川の戦い

源義経
　成敗する　　　人気−2
　しない　　　　そのまま
源義仲
　成敗する　　　そのまま
　しない　　　　人気−2

源氏方が2つのことを判断する。ただし、スライドは進めずに判断のみを先に行う。

5　宇治川の戦い（福原京遷都）の下にある（　　）に源義経と記入し、余りに人気を集めすぎています。成敗しますか？の問いに「はい」か「いいえ」を選ぶ。また、（　　）に源義仲と記入し、その暴行が目立ちすぎています。成敗しますか？の問いに「はい」か「いいえ」を選ぶ。成敗するを選んだ場合は、その人物を一覧表から消す。また、義経や義仲がすでにいない場合は選択しない。選択後、スライドで結果を示し、源氏方は頼朝の人気を足したり引いたりする。一方、平氏方は、5　福原京遷都（宇治川の戦い）の下にある平清盛の本拠地播磨の福原に都を移しますか？　の問いに「はい」か「いいえ」を選ぶ。また、自分が外祖父になる8才の安徳天皇を即位させますか？の問いに「はい」か「いいえ」を選ぶ。

福原京遷都

対戦相手源氏		福原京	平氏
人気＋2	←	遷都する	貫高＋20
そのまま	←	しない	そのまま

		安徳天皇	
人気＋1	←	即位する	貫高＋10
そのまま	←	しない	そのまま

平氏方の選択後、スライドで結果を示す。平氏方は自分の選択結果、増えた貫高を記入する。源氏方は、対戦相手の平氏方の選択を受け、その影響として頼朝の人気を足す。平氏方が戦況の改善を図った結果、いっそう源氏方の人気が高まっていったことを示している。

屋島の戦い

第1軍　−2
第4軍　−2
その他　0

屋島の戦いである。双方のワークシートには、
6　屋島の戦い　出陣可能兵数11
6　屋島の戦い　　出陣可能兵数　　貫高10＝兵力12　0設定あり　とある。ここまでと同様に、双方とも軍と陣を設定するが、平氏方は兵数0の陣を設定しても良いことになる。

設定後に源氏軍の補正をおこなう。第1軍と第4軍は山を越えるため、−2とする。

屋島の戦い

第1軍　−2
第4軍　−2
その他　0

源義経軍
＋5

那須与一軍
＋3

> いざ、勝負！
> 同数は源氏の勝ち
> 0対0　は勝負なし

屋島の戦いは平家物語にも描かれた逸話が多く伝わっている。源義経は平家の館の裏山に登り、背後からの奇襲をおこなった。館の屋根を見下ろす崖の上から飛び降りるよう指示したが、あまりの高さに兵たちは恐れをなしていた。義経は馬を3頭追い落とした。1頭は足が折れたが、2頭はそのまま歩いている。「死ぬようなことはない、恐れて手柄を逃すな。」の号令に、兵たちが一気に飛び降り、背後から平氏方を崩した「ひよどり越え」である。大将が源義経

である軍は＋5とする。また、平氏方の船に掲げられた扇の的を、源氏方の名誉と自らの命を懸けて那須与一が見事撃ち落としたのが、「扇の的」である。大将が那須与一である軍は＋3とする。そのうえで数値を確認し合い、勝った方に〇、負けた方に×をつける。同数の場合は源氏方の勝ちとなる。補正の結果、双方の兵力が0である場合は、戦いそのものがなかったこととして、〇も×もつけない。その後、源氏方のみが前回と同様に戦後処理をおこなう。

壇ノ浦の戦い

全軍　−1
源義経軍　＋5

> いざ、勝負！
> 同数は源氏の勝ち
> 0対0　は勝負なし

壇ノ浦の戦いである。双方のワークシートには『7 壇ノ浦の合戦　出陣可能兵数22』『7 壇ノ浦の合戦　出陣可能兵数　貫高1＝兵力1（残存貫高分出陣可能）0設定あり』とある。ここまでと同様に、双方とも軍と陣を設定するが、平氏方の兵数は残存する貫高全部と同じになり、兵数0の陣を設定しても良い。また、これまで苦戦が続く平氏方に逆転の機会を作るため、史実とは異なるが源氏方は生存する大将が全員出陣することを義務付ける。つまり、源頼朝も出陣することになる。このことによって、平氏方には2つの作戦ができる。1つは、これまで順調に頼朝の人気を減らしてきていたなら、ここでも普通に戦ってさらに人気を減らしに行く作戦である。もう1つは、頼朝の人気を減らせていない場合に、兵力を集中して頼朝のみを狙って討ち取る作戦である。設定後、源氏方の補正をおこなう。すべての軍は船に乗るため、−1とする。この戦いで、平氏方は義経だけを狙っ

て集中攻撃を図った。義経は8つの船を飛んで移動し、難を逃れた。「八艘飛び」である。大将が源義経である軍は、＋5とする。そのうえで数値を確認し合い、勝った方に〇、負けた方に ✕ をつける。同数の場合は源氏方の勝ちとなる。補正の結果、双方の兵力が0である場合は、戦いそのものがなかったこととして、〇も✕もつけない。その後、源氏方のみが前回と同様に戦後処理をおこなう。

ザ・源平合戦
源氏勝利に必要な源頼朝の人気は 3

　まず、平氏方に頼朝を討ち取ったかを尋ねる。頼朝を討ち取った場合、平氏方の勝ちとなる。
　それ以外は、頼朝の人気数で勝敗を決める。源氏方の勝利に必要な人気数は3である。2以下の場合は平氏方の勝ち、3以上の場合は源氏方の勝ちとなる。

　最後の振り返りでは、勝った負けたの作戦にかかわる感想ではなく、源平合戦の時代のようすを体験してみての感想を書く。
　1対1の対戦型ということで、対戦相手とのコミュニケーションが多く取られ、ひとつひとつの事象に反応して対話が活発におこなわれる。その後、扱った出来事や登場した人物について調べ、まとめる課題を提示する。生徒は、印象に残った出来事や活躍した人物に興味を持ち、意欲的にまとめを作成する。

ザ・元寇　御家人　竹崎季長

鎌倉時代、人々はとても平和に暮らしていた。しかし、人々は謎の集団に襲われ、命が奪われ、家は燃やされた。その集団は、海のむこうからやってきた『元』の者たちで、フビライ＝ハンの命令で日本を侵略しにきた。一人の男が立ち上った。その名は竹崎季長！！

あなたは将軍と主従関係の御家人・竹崎季長です。将軍の役に立ち、奉公ポイントを重ねましょう。答えは選択肢から選んで下さい。記号に○をつけます。

①あなた（竹崎季長）の持ち物を決めましょう。所有財産は 100 です。
　　いくつ持っていっても構いません。

A 10	B 30	C 50	D 10	E 10	F 40	H 40
救急道具	水	食料	耳栓	目隠し	家来	現金

②なに？　元軍が上陸している？　どうする？
　　A　　B　　C　　D

③さっそく元軍が攻めてきました。まずあなたはどのような方法をとって戦いますか？
　　A　　B　　C　　D

④元軍と向き合い立っています。あなたの最初の攻撃は？
　　A　　B　　C　　D

⑤元軍が投げてきたあの丸い玉はなんだ？　どう対処しよう（汗）
　　A　　B　　C　　D

⑥今度は弓矢？　でも変った弓矢だ・・・　どう対処しよう（汗）
　　A　　B　　C　　D

⑦日も暮れてきて元軍が船に戻ろうとしているぞ！　どうする？
　　A　　B　　C　　D

⑧朝だ！気を引き締めろ！　なに？
　　あの大量の船が消えている？　いったいなぜ？
　　A　　B　　C　　D

⑨この後、竹崎季長は鎌倉へ行きます。何をしに行くんだろう?

　　A　　B　　C　　D

⑩竹崎季長は自分の活躍を世に残すため、あることをします。何をするでしょう?

　　A　　B　　C　　D

⑪

奉公ポイント記録表

①	②	③	④	⑤	⑥	⑦	⑧	⑨	⑩	⑪	合計

将軍があなたへ与えてくれる御恩（恩賞）は…

恩賞リスト	必要奉公ポイント	選択したら〇	財産変換
大国	25		
小国　A	15		
小国　B	13		
領地　A	8		
領地　B	7		
領地　C	6		
領地　D	6		
屋敷　A	4		
屋敷　B	3		
屋敷　C	3		
蔵　　A	1		
蔵　　B	1		
蔵　　C	1		

元寇

竹崎財産計算表

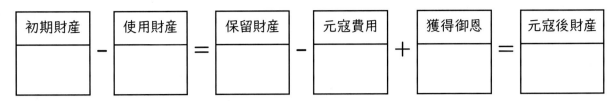

初期財産		使用財産		保留財産		元寇費用		獲得御恩		元寇後財産
	−		＝		−		＋		＝	

年　　　組　　　名前
_____

わかったこと、感想、考えられる改良点、コメントを書いてください。

ザ・元寇　御家人　竹崎季長

もとは生徒の夏休み自由研究での作品である。できるだけオリジナルを残しつつ、元寇に立ち向かった御家人とその後の幕府の様子を再現しようとした。

今日の主役が登場します

スライド1

　スライド1〜6では、元寇の発生と登場人物の紹介をおこなっている。主人公となるのは、御家人・竹崎季長であり、元寇の絵巻物を残した人物である。竹崎季長の立場に立って選択をしていく。ワークシートに目的と進め方が示してある。

【あなたは将軍と主従関係の御家人・竹崎季長です。将軍の役に立ち、奉公ポイントを重ねましょう。

答えは選択肢から選んで下さい。記号に〇をつけます。】

ザ・御家人　竹崎季長

・今回は班対抗方式
・班の得点＝班内最高点＋班内最低点
・教科書や資料集参照可能
・1分で相談可能
・解答は統一する必要なく、各自で判断

スライド5

　4人班の班対抗方式として、全員が勝敗に関与するために【班の得点＝班内最高点＋班内最低点】とした。

　教科書や資料集を参考にすることも可能で、解答時間1分の間に班で相談することも可能とする。しかし、解答は統一する必要なく、各自の判断でおこなう。班での意見交流や協力しての活動を促そうと考えた。解答時間については、任意に変更して構わない。

---

① 財産を使って、持ち物を決定

A 救急道具
B 水
C 食料
D 耳栓（みみせん）
E 目隠し
F 家来
H 現金

スライド7

　スライド7はステージ①である。初期所有財産100を使って持っていく持ち物を準備する。この後、財産を使う場面はなく使い切っても構わないが、残った分は最終の財産に合算される。ワークシート①で持っていくものに〇をつけ、財産計算表の使用財産と保留財産を記入する。

---

② 元軍上陸、どうする？

A 直行だ！　　　4
B 様子を見るぞ！　1
C 応援を呼ぶぞ！　2
D 無視するぞ！　　0

スライド8

　スライド8はステージ②元軍上陸である。

【なに？　元軍が上陸している？　どうする？】

の問いに対してA〜Dのうち1つを選んで〇をつける。その後、奉公ポイントを示し、奉公ポイント記録表の②に記入する。ここでは、できるだけ早く戦地に行くことが御家人としての務めであることから点数が設定されている。

③ 元軍に対する戦法は？

0　A　一騎打ち‥‥正々堂々の勝負
1　B　多勢に無勢‥‥少人数でも立ち向かう
4　C　元軍分析‥‥まずは様子を見る
3　D　専守防衛‥‥攻めずに守りに徹する

スライド 9

スライド9はステージ③元軍との戦闘である。
【さっそく元軍が攻めてきました。まずあなたはどのような方法をとって戦いますか？】
の問いに対して②と同様に進め、奉公ポイント記録表の③に記入する。鎌倉時代の武士は一騎打ちが原則であったが、名乗りも上げずに集団で襲ってくる元軍に苦戦した。被害が少なくなるものが高くなる点数が設定されている。

---

④ いざ勝負！最初の攻撃は？

0　A　正々堂々と名乗りを上げて勝負！
2　B　相手の出方を見てやっつける！
4　C　いきなり斬りかかる！
1　D　馬に乗ったまま突き進む！

スライド 10

スライド10はステージ④元軍との戦闘である。
【元軍と向き合い立っています。あなたの最初の攻撃は？】
の問いに対して同様に進め、奉公ポイント記録表の④に記入する。
　元軍の集団戦法に対応できるものが高くなる点数が設定されている。

---

⑤ どうする？

0　A　かまわず進め！
4　B　逆方向に逃げろ！
2　C　馬から降りろ！
1　D　近づくな！

スライド 11

スライド11はステージ⑤「てつはう」である。
【元軍が投げてきたあの丸い玉はなんだ？　どう対処しよう（汗）】
の問いに対して同様に進め、奉公ポイント記録表の⑤に記入する。
　火薬の殺傷能力はそれほどでもなく、閃光と音で馬を驚かせ、馬が暴れて落馬した武士を襲うために使われたと考えられる。被害を抑えられるものが高くなる点数が設定されている。

---

⑥ どうする？

2　A　刀で切り払え！
0　B　動き回れ！
1　C　弓矢でやり返せ！
4　D　遠くに離れろ！

スライド 12

スライド12はステージ⑥毒矢である。
【今度は弓矢？　でも変った弓矢だ・・・　どう対処しよう（汗）】
の問いに対して同様に進め、奉公ポイント記録表の⑥に記入する。
　鎌倉時代の戦いは正々堂々を重視しており、毒矢という発想はなかった。被害を抑えられるものが高くなる点数が設定されている。

---

⑦ 元軍帰船、どうする？

0　A　追いかけろ！　　3　C　深追いするな！
0　B　船を沈めろ！　　4　D　明日に備えろ！

スライド 13

スライド13はステージ⑦元軍帰船である。
【日も暮れてきて元軍が船に戻ろうとしているぞ！　どうする？】
の問いに対して同様に進め、奉公ポイント記録表の⑦に記入する。
　元軍は夜になると家、この場合は船に帰る習慣があった。御家人は急いで駆けつけていたため船の準備ができていない。被害を抑えられるものが高くなる点数が設定されている。

⑧ 元軍消滅、なぜ？

○ A 罠だ！どこかにいるぞ！
2 B きっと沈没したんだ！
2 C もとから帰るつもりだったんだ！
○ D 違う場所から攻めてくるぞ！

スライド14

スライド14はステージ⑧元軍消滅である。

【朝だ！気を引き締めろ！　なに？　あの大量の船が消えている？いったいなぜ？】

の問いに対して同様に進め、奉公ポイント記録表の⑧に記入する。

　暴風雨で沈没したと言われている。無駄な警戒をしなくてよいものに点数が設定されている。

⑨ 鎌倉へ何しに行く？

0 A 鎌倉見物に
3 B 自分の名を広めに
5 C 幕府と交渉に
1 D 将軍の手伝いに

スライド15

スライド15はステージ⑨鎌倉行きである。

【この後、竹崎季長は鎌倉へ行きます。何をしに行くんだろう？】

の問いに対して同様に進め、奉公ポイント記録表の⑨に記入する。

　元寇で出費や犠牲を払った見返りを求めるものが高くなる点数が設定されている。

⑩ 名を広めるため？

2 A 物語を書く
0 B 銅像を作る
1 C 寺を建てる
4 D 絵巻物を作る

スライド16

スライド16はステージ⑩売名活動である。

【竹崎季長は自分の活躍を世に残すためあることをします。何をするでしょう？】

の問いに対して同様に進め、奉公ポイント記録表の⑩に記入する。

　後世に残るものが高くなる点数が設定されている。

① 大事な持ち物・・・

F　家来がいないと　－2
CかH　食料が用意できないと　－3

4 A 救急道具
0 B 水
2 C 食料
5 D 耳栓
4 E 目隠し
4 F 家来
2 H 現金

スライド17

スライド17はステージ①で選んだ持ち物を評価する場面である。

　まず、戦うには家来を連れていることと食料を調達できることが絶対条件となる。満たさない場合はマイナスになる。A～Hの選択肢には、これまでの過程で役に立つものに高い点数が設定されている。全てを合計して奉公ポイント記録表の①に記入する。

① この防塁・・・復元されていない当時のものは現在、どのような姿になっているでしょう？

スライド18

① 防塁の今の姿は？

海側　　　　　陸側

真横から見た形を描きます

スライド19

スライド18・19はステージ①元寇防塁である。

【この防塁・・・復元されていない当時のものは現在、どのような姿になっているでしょう？】

の問いに対して、ワークシート①の例を参考にして、指示通りに現在はどうなっているかを予想して描く。

元寇

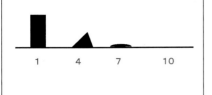

⑪ 700年以上前の防塁が今は？

スライド26

スライド20〜26はその解答を示している。700 年の月日の間に地面に埋もれているのである。

奉公ポイントを合計してください。

奉公ポイントを、どの恩賞にするか選びます。

蔵	1	竹崎財産計算表
屋敷	3〜4	「元寇費用」は、30 です。
領地	6〜8	「獲得御恩」は、選んだ恩賞を
小国	13〜15	財産変換した合計です。
大国	25	

スライド27

スライド27は奉公ポイントを御恩に変換する場面である。まず全ての奉公ポイントを合計する。そのポイントを消費して、ワークシートの恩賞リストから望むものに〇をつける。

財産計算表の元寇費用には 30 を記入する。

恩賞を財産に変換

8	蔵
13	屋敷
22	領地
30	小国
55	大国

スライド28①

スライド28①は恩賞の変換結果を示している。〇をつけた御恩の変換数値を財産変換の欄に記入する。財産計算表の獲得御恩に返還後の数値合計を記入し、元寇後財産を計算する。

恩賞を財産に変換

~~8~~	~~蔵~~	扇子	1	
~~13~~	~~屋敷~~	着物	3	なんでやねん！
~~22~~	~~領地~~	米	5	
~~30~~	~~小国~~	刀	7	
~~55~~	~~大国~~	畑	9	

スライド28②

その後、スライド28②を提示して、変換数値を書き換える。あわせて財産計算表の獲得御恩と元寇後財産も書き換える。

ザ・竹崎季長

なんでやねん！
なんでやねん！
なんでやねん！
なんでやねん！

終わり
この後、どうなる・・・

スライド29

スライド29で終わりになる。

【この後、どうなる・・・】

を受けて、どうしてこうなったのか、御家人はどう受け止めたのか、この影響が御家人にどう及んだか、さらにその後の鎌倉幕府はどうなっていくのかなどを考察する材料となる。

Lesson 07 ザ・足利尊氏

目的・・・あなたは足利尊氏となり、家臣団を率いて8つの戦いに勝ち続けることを目指します。最終的に征夷大将軍に任命されたら勝ちとなります。

能力設定・・武力とは戦いでの強さ、武運とは運の良さと扱いやすさ、を表し、最終的に生き残った家臣団の人気の合計が低いと征夷大将軍に任命されません。

1　20の数値を尊氏の能力に振り分けてください。
2　38人の家臣団の中から尊氏、義貞、正成を必ず入れて33人を選んでください。つまり不必要な5人を消してください。

戦いの流れ

1 5部隊を編制し、各部隊には大将と副将を指名し2人の武力の合計が部隊の強さです。

	敵　　方			尊　氏　方			判定
	部隊名	評価	強	大将	副将	強	
I	北条高時	大		①	⑥	あ	
2	佐々木満邦	強		②	⑦	い	
3	北条国時	弱		③	⑧	う	
4	千葉時種	弱		④	⑨	え	
5	和田国定	中		⑤	⑩	お	

①～⑩には家臣を指名します。　例　義貞　9　（9は義貞の武力）

あ～おには大将と副将の武力の合計を記入します。

敵方の強さと判定は空欄のままです。

2 各部隊同士の戦いは強さが同数以上で勝ちとなり、戦い全体の勝利条件を 満たせば勝ちとなります。

3 戦いに負けた部隊の大将と副将はのうちのどちらかが戦死します。どちらが戦士するかは選べます。負けた部隊で戦死した家臣は家臣団一覧表から消してください。

4 家臣の人数が10人以下になる時は、表の①②・・・の数が小さい場所から入れます。

5 尊氏が戦死してしまうか、戦い全体に負けると終了です。

足利尊氏家臣団一覧表

	氏名	よみがな	呼び名	身分	武力	武運	人気
1	足利尊氏	あしかがたかうじ	尊氏	幕府有力御家人			
2	足利直義	あしかがなおよし	直義	尊氏の弟	6	8	10
3	足利基氏	あしかがもとうじ	基氏	尊氏の子	4	7	7
4	足利直冬	あしかがなおふゆ	直冬	直義の子	7	2	7
5	新田義貞	にったよしさだ	義貞	幕府有力御家人	9	5	8
6	新田義忠	にったよしただ	義忠	義貞の弟	4	5	7
7	楠木正成	くすのきまさしげ	正成	大阪豪族	7	7	7
8	懐良親王	ながよししんのう	なが宮	後醍醐天皇の長男	10	8	10
9	宗良親王	むねよししんのう	むね宮	後醍醐天皇の次	1	4	9
10	護良親王	もりよししんのう	もり宮	後醍醐天皇の三男	3	8	9
11	高 師泰	こうのもろやす	師泰	足利家家臣	3	8	1
12	高 師直	こうのもろなお	師直	足利家家臣	3	6	2
13	佐々木道誉	ささきどうよ	佐々木	幕府有力御家	6	10	6
14	夢窓疎石	むそうそせき	夢坊	僧	1	1	10
15	一条兼平	いちじょうかねひら	一条	公家	1	3	9
16	姉小路公行	あねこうじきんこう	姉小路	公家	3	2	9
17	赤松円心	あかまつえんしん	赤松	幕府有力御家人	5	4	5
18	赤松則村	あかまつのりむら	則村	赤松の一族	7	1	5
19	畠山政利	はたけやままさとし	畠山	幕府有力御家人	4	3	4
20	武田氏信	たけだうじのぶ	武田	広島豪族	4	7	3
21	名和長年	なわながとし	長年	公家御家人	8	6	6
22	名和長由	なわながよし	長由	長年の一族	6	7	6
23	斯波義種	しばよしたね	義種	足利一族の御家人	5	5	2
24	斯波義将	しばよしまさ	義将	足利一族の御家人	4	7	3
25	大友氏時	おおともうじとき	大友	九州豪族	7	4	6
26	阿蘇邦将	あそくにまさ	阿蘇	九州豪族	5	3	5
27	少弐冬尚	しょうにふゆなお	少弐	九州御家人	6	5	5
28	山内道邦	やまのうちみちくに	山内	足利家家臣	2	5	3
29	坂上師京	さかのうえもろくに	坂上	足利家家臣	6	6	3
30	林 金氏	はやしかねうじ	林	足利家家臣	4	5	4
31	横田一松	よこたいっしょう	一松	足利家家臣	6	2	1
32	吉田大行	よしだひろゆき	吉田	足利家家臣	3	5	3
33	中村勘太夫	なかむらかんだゆう	中村	足利家家臣	5	2	6
34	藤村隆国	ふじむらたかくに	隆国	足利家家臣	4	3	3
35	大野隆安	おおのたかやす	大野	足利家家臣	2	3	5
36	金子実衛門	かねこじつえもん	金子	足利家家臣	8	1	6
37	満永一正	みつながかずまさ	一正	足利家家臣	6	5	4
38	日野氏基	ひのうじもと	日野	足利家家臣	2	10	1

1 鎌倉幕府追討

最後の執権北条高時が決戦を挑む。　（勝利条件：三勝）

敵　方		尊　氏　方			判定
部隊	強	大将	副将	強	判定
①					
②					
③					
④					
⑤					

2 手柄争い

幕府追討の一番手柄を争って戦う。（勝利条件：三勝）

敵　方		尊　氏　方			判定
部隊	強	大将	副将	強	判定
①					
②					
③					
④					
⑤					

3 北条家の意地

北条時行が朝廷軍の混乱をねらって鎌倉を取り戻す。（勝利条件：一勝）

敵　方		尊　氏　方			判定
部隊	強	大将	副将	強	判定
①					
②					
③					
④					
⑤					

4 天皇との決別

後醍醐天皇が公家武将北畠父子に助けられて尊氏追討に乗り出す。（勝利条件：二勝）

敵　方		尊　氏　方			判定
部隊	強	大将	副将	強	判定
①					
②					
③					
④					
⑤					

5 多々良浜（たたらはま）の再起

九州に逃れた尊氏は兵を集め、天皇方の菊池一族と戦う。（勝利条件：四勝）

敵　方		尊　氏　方			判定
部隊	強	大将	副将	強	判定
①					
②					
③					
④					
⑤					

6 湊川（みなとがわ）決戦

天皇方とのすべてをかけた決戦！（勝利条件：三勝）

敵　方		尊　氏　方			判定
部隊	強	大将	副将	強	判定
①					
②					
③					
④					
⑤					

7 四條畷（しじょうなわて）の合戦

楠木正行、北畠顕家ら天皇方が最後の抵抗をこころみる。（勝利条件：四勝）

敵　方		尊　氏　方			
部隊	強	大将	副将	強	判定
①					
②					
③					
④					
⑤					

8 藤島（ふじしま）の戦い

北陸に逃れた新田義貞を討ち武士の頂点に立つ。（勝利条件：三勝）

敵　方		尊　氏　方			
部隊	強	大将	副将	強	判定
①					
②					
③					
④					
⑤					

9 征夷大将軍任命

朝廷から室町幕府を開くことを許される。

生き残っている家臣団全員の人気を合計してください。

年　　組　　名前 感想、改良点、コメントを書いてください。

ザ・足利尊氏

ザ・足利尊氏

あなたは足利尊氏となり、
家臣団を率いて8つの
戦いに勝ち続けることを
目指します。
最終的に征夷大将軍に
任命されたら勝ちとなり
ます。

スライド1

　スライド1は目的を示している。ワークシートにも

**目的・・・あなたは足利尊氏となり、家臣団を率いて8つの戦い
に勝ち続けることを目指します。最終的に征夷大将軍に任命され
たら勝ちとなります。**

と記述がある。

ザ・足利尊氏

今日の課題

南北朝時代の武士の
すがたを感じ取る

スライド2

　スライド2にあるように、南北朝時代に活躍した武士の姿をイメージできることをめざしている。どのような武士がいて、どこでどのような戦いがあったなど、この時代に興味を持てるように設計した。

初期設定

武力・・・戦いでの強さ
武運・・・運の良さと扱いやすさ
人気・・・最終的に生き残った
家臣団の合計で将軍に
任命されるかが決定
① 20の数値を尊氏の能力に振り分けます。
数値は 1～10 で設定します。
② 家臣団の中から33人を選びます。
尊氏、義貞、正成を必ず残します。
不要な5人を消してください。

スライド3

　スライド3は初期設定の指示である。ワークシートにも次のような記述がある。

能力設定・・武力とは戦いでの強さ、武運とは運の良さと扱いやすさ、を表し、最終的に生き残った家臣団の人気の合計が低いと征夷大将軍に任命されません。

　これは、家臣団一覧表の見方でもある。

1　20の数値を尊氏の能力に振り分けてください。

　家臣団一覧表の足利尊氏の能力が空欄になっている。

ここに合計20、1項目は10までで任意の数値を設定する。

**2　38人の家臣団の中から尊氏、義貞、正成を必ず入れて33人を選んでください。
つまり不必要な5人を消してください。**

　マーカーなどを使ってきれいに横一列を消すようにする。ワークシートでは、戦いの流れを説明している。

1　5部隊を編制し、各部隊には大将と副将を指名し2人の武力の合計が部隊の強さです。

	敵　方		尊　氏　方			
	部隊名	評価	強	大将	副将	強	判定
1	北条高時	大		①	⑥	あ	
2	佐々木満邦	強		②	⑦	い	
3	北条国時	弱		③	⑧	う	
4	千葉時種	弱		④	⑨	え	
5	和田国定	中		⑤	⑩	お	

　この表が戦いを表す。敵方と尊氏方が1～5の部隊ごとに戦い、合計の勝ち数で戦いの勝敗を判定する。

戦いの準備 記入例

尊 氏 方			
大将	副将	強	判定
義貞 9	義忠 4	13	○
一条 1	夢坊 1	2	×

スライド4

スライド4は、戦いの表の尊氏方の記入例である。

①～⑩には家臣を指名します。

例　義貞　9　（9は義貞の武力）

あ～おには大将と副将の武力の合計を記入します。

敵方の強さと判定は空欄のままです。

　家臣は生き残っている場合、何度でも戦いに参加できるが、1つの戦いで複数の部隊に参加することはできない。

2　各部隊同士の戦いは強さが同数以上で勝ちとなり、戦い全体の勝利条件を満たせば勝ちとなります。

　勝利条件はワークシートに示してある。

3　戦いに負けた部隊の大将と副将はのうちのどちらかが戦死します。負けた部隊で戦死した家臣は家臣団一覧表から消してください。

　この処理は戦いの後におこなう。

4　家臣の人数が10人以下になる時は、表の①②・・・の数が小さい場所から入れます。

　これは家臣の数が減っていった場合のことで、人数がいる場合は空欄を作ってはならない。

5　尊氏が戦死してしまうか、戦い全体に負けると終了です。

1　鎌倉幕府追討

スライド5

1　鎌倉幕府追討

敵　　方		
部 隊 名	評価	強
① 北条高時・・最後の執権	大	9
② 佐々木満邦・・槍の名手	強	11
③ 北条国時・・高時の郎党	弱	3
④ 千葉時種・・鎌倉幕府高官	弱	4
⑤ 和田国定・・騎馬隊	中	7

スライド6

　スライド5・6は鎌倉幕府追討の戦いである。この戦いでの勝利条件は3勝である。スライド6の敵方部隊名までを表示したところで、尊氏方の編成をおこなう。今回のみ、目安として⑤の和田国定部隊の強さ7だけをあらかじめ提示する。

　尊氏方の編成が終わったら、全ての部隊の強さを提示し、戦いの流れの2に従って勝敗を判定する。この時、戦いに負けた部隊があった場合、戦いの流れ3に従って家臣を消す。

2　手柄争い

スライド7

2　手柄争い

尊氏との手柄争いにより、
次の武将が離反します。
家臣団一覧表から消してください。
　　5　新田義貞
　　6　新田義忠
　　17　赤松円心
　　18　赤松則村

スライド8

2　手柄争い

敵　　方		
部 隊 名	評価	強
① 新田義貞・・有力御家人	強大	18
② 新田義忠・・義貞の実弟	中	8
③ 松本義邦・・新田家家臣	弱	2
④ 赤松円心・・有力豪族	大	10
⑤ 赤松則村・・円心の一族	中	7

スライド9

　スライド7～9は、手柄争いの戦い、勝利条件は3勝である。手柄争いの相手となった新田義貞らをスライド8の指示に従って家臣団一覧表から消す。すでに消えている場合はそのままにしておく。スライド9の敵方部隊名まで提示して尊氏方を編成させ、その後の流れは前回と同様に進める。

3 北条家の意地

スライド10

---

3 北条家の意地

混乱をねらわれたために戦いようがなく、逃げることになりました。
追っ手になった軍は強く、全く太刀打ち出来ない状況です。
このような状況では討ち死に覚悟で軍を引き受けることを
殿軍(しんがり)といいます。

スライド11

---

3 北条家の意地

敵　　方

	部　隊　名	評価	強
①	北条時行‥北条家長老	無敵	16
②	北条氏行‥北条家重鎮	無敵	14
③	和田国将‥鎌倉幕府高官	無敵	9
④	平田之宗‥鎌倉幕府高官	無敵	13
⑤	佐伯道長‥鎌倉幕府高官	無敵	7

スライド12

　スライド10〜12は、北条家の意地の戦い、勝利条件は1勝である。スライド11は、この戦いの様子を示しており、負けることを前提にして編成する中から1勝して退路を切り開くことになる。スライド12の敵方部隊名まで提示して尊氏方を編成させ、その後の流れは同様に進める。

---

4 天皇との決別

スライド13

---

4 天皇との決別

後醍醐天皇の尊氏追討令により京都じゅうが敵となり、九州へ逃げることになりました。
次の武将が離反します。
家臣団一覧表から消してください。
　7　楠木正成　　　8　懐良親王
　10　護良親王　　　15　一条兼平
　16　姉小路公行

スライド14

---

4 天皇との決別

敵　　方

	部　隊　名	評価	強
①	後醍醐天皇‥96代天皇	大	10
②	懐良親王‥後醍醐実子	大	11
③	一条兼平‥公家	中	6
④	北畠親房‥公家武将	未知	21
⑤	北畠顕家‥親房の実子	未知	24

スライド15

　スライド13〜15は、天皇との決別の戦い、勝利条件は2勝である。後醍醐天皇が出した足利尊氏追討令によって天皇方についた楠木正成をスライド14の指示に従って家臣団一覧表から消す。すでに消えている場合はそのままにしておく。スライド15の敵方部隊名まで提示して尊氏方を編成させ、その後の流れは同様に進める。

---

5 多々良浜の再起

スライド16

---

5 多々良浜の再起

後醍醐天皇の尊氏追討令により、次の武将が離反します。
家臣団一覧表から消してください。
　25　大友氏時
　26　阿蘇邦将

スライド17

---

5 多々良浜の再起

敵　　方

	部　隊　名	評価	強
①	護良親王‥後醍醐実子	中	9
②	菊池武敏‥肥後豪族	中	6
③	菊池義武‥弓の名手	中	8
④	菊池武邦‥弓の名手	中	6
⑤	菊池武揚‥弓の名手	中	7

スライド18

　スライド16〜20は、多々良浜の再起の戦い、勝利条件は4勝である。後醍醐天皇の足利尊氏追討令によって天皇方についた大友氏時らをスライド17の指示に従って家臣団一覧表から消す。すでに消えている場合はそのままにしておく。スライド18の敵方部隊名まで提示して尊氏方を編成させ、その後の流れは同様に進める。

足利尊氏

5　多々良浜の再起

スライド19

5　多々良浜の再起

菊池一族は家紋が鷹の羽になっている通り、
弓矢の優れた一族。
この激戦で尊氏方にも多くの犠牲者が
出ました。
この戦いに出陣した武将のうち、武運が
1か2の武将は、
菊池方の弓に討ち取られます。
家臣団一覧表から消してください。

スライド20

　スライド18での戦後処理が終わった後に、スライド19・20を提示する。菊池一族との激闘によって尊氏方にも多くの犠牲者が出る。この戦いに出陣した武将のうち、武運が1か2の武将は菊池方の弓に討ち取られる。尊氏方の出陣した10人の家臣について武運を確認し、1か2の家臣は一覧表から消す。

6　湊川決戦

スライド21

6　湊川決戦

天皇方は尊氏の京都入りを絶対に
阻止するために全てをかけて
この一戦にのぞみました。
後醍醐天皇の尊氏追討令により、
次の武将が離反します。
家臣団一覧表から消してください。
　20　武田氏信　21　名和長年
　22　名和長由

スライド22

6　湊川決戦

敵　　　方		
部隊名	評価	強
①　楠木正成・・正義の武士	最強	17
②　北畠親房・・公家武将	強	15
③　多田道安・・南朝方豪族	中	6
④　名和長年・・有力豪族	強	10
⑤　武田氏信・・南朝方豪族	弱	2

スライド23

　スライド21～23は、湊川決戦、勝利条件は3勝である。後醍醐天皇のさらなる足利尊氏追討令によって天皇方についた武田氏信らをスライド22の指示に従って家臣団一覧表から消す。すでに消えている場合はそのままにしておく。スライド23の敵方部隊名まで提示して尊氏方を編成させ、その後の流れは同様に進める。家臣数が10人以下になっている場合は、戦いの流れの4に従って編成する。

7　四條畷の合戦

この時期になると尊氏の優位は動かない
ものとなり、
尊氏もなるべく戦いには出撃せずに
万一もないように気を配っていきます。
天皇方はもはや残党程度の奇襲作戦に
楠木正成の長男楠木正行と
北畠親房の長男北畠顕家が命をかけます。

スライド24

7　四條畷の合戦

スライド25

7　四條畷の合戦

敵　　　方		
部隊名	評価	強
①　楠木正行・・楠木正成遺子	小	6
②　北村公知・・公家	小	2
③　北畠顕家・・公家武将	小	7
④　高尾春基・・楠木家家臣	小	4
⑤　三田村忠明・・豪族	小	2

スライド26

7　四條畷の合戦

楠木正行と北畠顕家は命を捨てて奇襲し、
尊氏の首を狙います。
①部隊と③部隊に所属した武将のうち、
武運が5以下の武将は奇襲に討たれます。
家臣団一覧表から消してください。

スライド27

　スライド24～27は、四條畷の合戦、勝利条件は4勝である。スライド26の敵方部隊名まで提示して尊氏方を編成させ、その後の流れは同様に進める。

　スライド26での戦後処理が終わった後に、スライド27を提示する。奇襲によって尊氏方に犠牲者が出る。この戦いで尊氏方の①部隊か③部隊に出陣した武将のうち、武運が5以下の武将は奇襲に討ち取られる。①部隊と③部隊に出陣した4人の家臣について武運を確認し5以下の家臣は一覧表から消す。

8　藤島の戦い

スライド 28

8　藤島の戦い		
敵　　　方		
部　隊　名	評価	強
① 新田義貞‥最後の宿敵	強大	15
② 新田義忠‥義貞の実弟	中	8
③ 新田義興‥新田家一族	中	6
④ 佐野孝心‥新田家家臣	弱	4
⑤ 今泉貫信‥新田家家臣	弱	3

スライド 29

8　藤島の戦い

新田義貞は, もはやこれまでと覚悟し、城ごと自爆して尊氏方を道連れにします。①部隊に所属した武将のうち、武運が7以下の武将は巻き込まれます。家臣団一覧表から消してください。

スライド 30

　スライド２８～３０は、藤島の戦い、勝利条件は３勝である。スライド２９の敵方部隊名まで提示して尊氏方を編成させ、その後の流れは同様に進める。

　スライド２９での戦後処理が終わった後に、スライド３０を提示する。自爆攻撃によって尊氏方に犠牲者が出る。この戦いで尊氏方の①部隊に出陣した武将のうち、武運が7以下の武将は自爆攻撃に巻き込まれる。①部隊に出陣した２人の家臣について武運を確認し7以下の家臣は一覧表から消す。

9　征夷大将軍任命

生き残った家臣団全員の人気を合計します。征夷大将軍任命に必要な人気は（44）です。

スライド 31

　スライド３１・３２は、最終の征夷大将軍任命である。足利尊氏本人と生き残った家臣の人気を合計してワークシートに数値で記入する。その後に必要数を提示する。

　この時代やその後の戦国時代では、武士たちが生き残るために敵になったり味方になったりしながら戦っていったことを感じ取らせたい。

ザ・足利尊氏

感想などを書いてください。

スライド 32

足利尊氏

ザ・戦国島津家

応仁の乱以後の戦国時代は日本各地に大名が割拠し、争いを続けていた。その中でいくつかの大名が力をつけていく。その要因はさまざまであるが、大きな転機となったのは南蛮人との関わりからもたらされた鉄砲である。これをいち早く活用し、織田信長が急速に力を伸ばしていくことになる。南蛮人と最初にかかわった大名は南九州の島津家であり、その時代のようすを再現しながらどのような大名家が勢力を強めていくのかを考察する。

「戦国島津家」の特色は、4人班で役割を分担し、それぞれの判断と相談した結果の判断を合わせて島津家が動いていくことである。3回のターンから成り、それぞれが主に政策を設定する前編と、その結果や新たな事象に対応する後編で構成されている。

Guide

ザ・戦国島津家

16世紀、戦国時代の中にあってその強さを知られた九州鹿児島の大名島津(しまづ)家。
あなたたちは、島津家の命運を決定する立場にあった重臣4人です。
激動の時代を乗り越え、島津家の国力を高めることが目的です。

国力 ＝ 軍事力 ＋ 財力

スライド1

スライド1では、目的を説明している。

16世紀、戦国時代の中にあってその強さを知られた九州鹿児島の大名島津(しまづ)家。あなたたちは、島津家の命運を決定する立場にあった重臣4人です。激動の時代を乗り越え、島津家の国力を高めることが目的です。

国力 ＝ 軍事力 ＋ 財力

記録表の国力変動表には、軍事力と財力の欄があり、変動するごとに記入していく。スタート時には軍事力・財力ともに30と設定されている。

ザ・戦国島津家

各ターンでは、予算を使って政策を実施します。限られた予算を何に使うかを評定(ひょうじょう＝相談)で決めてください。
各ターンには、前編と後編があり、2回に分けて予算を使います。
予算の残高は、次のターンに持ち越されます。
ターン3の後、国力を計算して結果を判定します。

スライド2

スライド2では、ターンの説明をしている。

各ターンでは、予算を使って政策を実施します。限られた予算を何に使うかを評定(ひょうじょう＝相談)で決めてください。各ターンには、前編と後編があり、2回に分けて予算を使います。予算の残高は、次のターンに持ち越されます。ターン3の後に、国力を計算して結果を判定します。

ザ・戦国島津家

すべての役職には、自分だけで決定できる「専決事項」があります。
それ以外は「評定事項」であり、4人で相談して決定します。
どの役職を担当するか決めてください。

スライド3

ザ・戦国島津家

戦奉行……国衆と呼ばれる家臣たちに命令して、
　　　　　軍隊を動かす権限を持つ
仕置家老…非常事態への対応や、新しい政策を
　　　　　決定する権限を持つ
国家老……町奉行。郡奉行を支配下に置き、
　　　　　住民の対応や警察の役目を務める
勘定奉行…物品を買ったり金品を送ったりする
　　　　　など、財政の管理を務める

スライド4

スライド3・4では、4人の役職について説明している。

戦国島津家4奉行は次の通りです。すべての役職には、自分だけで決定できる「専決事項」があります。それ以外は「評定事項」であり、4人で相談して決定します。どの役職を担当するか決めてください。
戦奉行（いくさぶぎょう）・・・国衆と呼ばれる家臣たちに命令して、軍隊を動かす権限を持つ
仕置家老（しおきがろう）・・・非常事態への対応や、新しい政策を決定する権限を持つ
国家老（くにがろう）・・・町奉行や郡奉行を支配下に置き、住民の対応や警察の役目を務める
勘定奉行（かんじょうぶぎょう）・・・物品を買ったり金品を送ったりするなど、財政の管理を務める

＜ターン1＞前編

1543年、九州北部では、大友（おおとも）家、相良（さがら）家などが勢力を強めており、彼らに対抗するためにも薩摩国（鹿児島県西部）の統一が緊急の命題になっています。
島津分家との激しい勢力争いが、鹿児島を中心に続いていました。
そのさなかに、種子島の役人から緊急事態が告げられます。

スライド5

島役人

申し上げます。種子島に巨大な船が参りました。破損がひどく漂流してきたものと思われます。

スライド6

＜ターン1＞前編

1 戦奉行専決事項　島津分家からの反撃に備えて、薩摩国各地に軍勢を派遣する。（消費財力6）
2 評定事項　島津分家を滅ぼすために、大軍勢を遠征させる。（消費財力15）
3 仕置家老専決事項　種子島の漂流船を攻撃するために、軍勢を派遣する。（消費財力4）
4 国家老専決事項　種子島の島民に武器を持たせ、漂流船を攻撃させる。（消費財力1）
5 勘定奉行専決事項　島津分家に金品を贈り、しばらく反撃が起きないようにする。（消費財力4）

スライド7

スライド5・6では、ターン1の前編である1543年の状況と種子島からの急報を示している。

1543年、九州北部では、大友（おおとも）家、相良（さがら）家などが勢力を強めており、彼らに対抗するためにも薩摩国（鹿児島県西部）の統一が緊急の命題になっています。島津分家との激しい勢力争いが、鹿児島を中心に続いていました。そのさなかに、種子島の役人から緊急事態が告げられます。

申し上げます。種子島に巨大な船が参りました。破損がひどく、漂流してきたものと思われます。見たことがないほど巨大な船です。島民の話では、天狗が乗っているとか。私は見ておりませんが、島民たちはひどく不安がっております。いかが、いたしましょうか。

スライド7では、その対応として考えられる「政策事項」を示している。

当初予算30の範囲内で、各政策事項を実施するかを決定します。実施しない場合は、見送りとなります。ただし、前編と後編を合わせての予算です。通常ならその半分の15の範囲ですが、考えて決めてください。

専決事項については各担当役職が実施か見送りを決定し、政策実施表に全員が〇を記録する。評定事項については4人で相談して決定し、政策実施表に全員が〇を記録する。決定後、消費した財力を合計し、国力変動表の①に記入する。例えば政策事項2と4を実施した場合、財力を16消費したことになり、①の財力には残りの14を記入する。軍事力について今回は変動がないため、30を記入する。今回検討する政策事項は次の通りである。

1	戦奉行専決事項	島津分家からの反撃に備えて、薩摩国各地に軍勢を派遣する。(消費財力6)
2	評定事項	島津分家を滅ぼすために、大軍勢を遠征させる。(消費財力15)
3	仕置家老専決事項	種子島の漂流船を攻撃するために、軍勢を派遣する。(消費財力4)
4	国家老専決事項	種子島の島民に武器を持たせ、漂流船を攻撃させる。(消費財力1)
5	勘定奉行専決事項	島津分家に金品を贈り、しばらく反撃が起きないようにする。(消費財力4)

後編1−1

事項2を実施した場合、島津分家を滅ぼし、薩摩国の大半を支配します。(増加軍事力12)

事項3も4も実施しなかった場合、島民が不安のために逃亡します。(減少財力3)

スライド8

スライド8は、後編1−1として前編での選択による影響を示している。

> 事項2を実施した場合、島津分家を滅ぼし、薩摩国の大半を支配します。(増加軍事力12)
> 事項3も4も実施しなかった場合、島民が不安のために逃亡します。(減少財力3)

それぞれの結果を国力変動表に反映させ、②の欄に記入する。変動がない場合も、そのままの数値を②に記入する。

後編1−2

事項1・2・5のどれも実施しなかった場合、関所役人から緊急事態が告げられます。

スライド9

関所役人

申し上げます。
島津分家が薩摩の国人を集めて、鹿児島城に攻め寄せてきております。
このままでは、鹿児島城は持ちこたえられないと思われます。
いかが、いたしましょうか。

スライド10

スライド9・10は、後編1−2として、前編で島津分家に対して何の対策も取らなかった場合の急報を示している。対策が実施されていた場合は、この急報はなかったこととして後編1−3へ進める。

事項1・2・5のどれも実施しなかった場合、関所役人から緊急事態が告げられます。

> 申し上げます。島津分家が薩摩の国人を集めて，鹿児島城に攻め寄せてきております。このままでは、鹿児島城は持ちこたえられないと思われます。いかが、いたしましょうか。

後編1−2

6　戦奉行専決事項
緊急に軍勢を集め、島津分家の攻撃軍を撃退する。(消費軍事力8)

7　勘定奉行専決事項
島津分家に多額に金品を送り、攻撃を中止させる。(消費財力12)

8　評定事項
隣国の肝付（きもつき）家に援軍を依頼し、攻撃軍を撃退する(消費財力2)

スライド11

後編1−3

事項3または4のどちらかを実施した場合。
種子島の役人から緊急事態が告げられます。

スライド12

スライド12は、その対応策を示しており、実施か見送りかを決定する。検討する政策事項は次の通りである。

6　戦奉行専決事項　　緊急に軍勢を集め、島津分家の攻撃軍を撃退する。(消費軍事力8)
7　勘定奉行専決事項　島津分家に多額に金品を送り、攻撃を中止させる。(消費財力12)
8　評定事項　　　　　隣国の肝付（きもつき）家に援軍を依頼し，攻撃軍を撃退する(消費財力2)

これによって変動した数値を、国力変動表に反映させ、③の欄に記入する。変動がない場合も、そのままの数値を③に記入する。

島役人

申し上げます。
漂流船の天狗たちが、島民の村に食料を求めて現れました。

島民が追い返そうとして武器でおどしたところ、天狗たちが不思議な武器を使い犠牲者が出ております。いかが、いたしましょうか。

スライド13

後編1−3

9　戦奉行専決事項
多少の犠牲は覚悟して、漂流船を総攻撃する。
（消費軍事力2）

10　勘定奉行専決事項
鹿児島から食料を運び、漂流船に贈る。
（消費財力5）

11　評定事項
警備を固めて、漂流船を監視する。
（消費財力2）

スライド14

　スライド13・14は、後編1−3として、種子島の漂流船を攻撃した場合の急報を示している。事項3または4のどちらかを実施した場合。種子島の役人から緊急事態が告げられます。

　　申し上げます。漂流船の天狗たちが、島民の村に食料を求めて現れました。島民が追い返そうとして武器でおどしたところ、天狗たちが不思議な武器を使い犠牲者が出ております。いかが、いたしましょうか。

　スライド14は、その対応策を示しており、実施か見送りかを決定する。検討する政策事項は次の通りである。

9　戦奉行専決事項　　　　多少の犠牲は覚悟して，漂流船を総攻撃する。(消費軍事力2)
10　勘定奉行専決事項　　鹿児島から食料を運び，漂流船に贈る。(消費財力5)
11　評定事項　　　　　　警備を固めて，漂流船を監視する。(消費財力2)

　これらによって変動した数値を、国力変動表④の欄に記入する。変動がない場合、そのままの数値を④に記入する。

後編1−4

鹿児島城を攻められ事項6・7のどちらも実施しなかった場合、城を奪われます。（減少軍事力10）

事項9を実施せず事項10か11を実施した場合、ポルトガル人から鉄砲を手に入れます。鉄砲状況が「取得」になります。

スライド15

　スライド15は、後編1−4として、1−2・1−3での選択による影響を示している。

鹿児島城を攻められ事項6・7どちらも実施しなかった場合、城を奪われます。（減少軍事力10）
事項9を実施せず、事項10か11を実施した場合、ポルトガル人から鉄砲を手に入れます。

　1−2で鹿児島城が攻撃されたにもかかわらず対策が不十分だと、落城する。1−3で漂流船と接触していながら総攻撃は回避した場合、友好関係を築くことになり、記録表の鉄砲状況で「取得」に〇をつける。これらによって変動した数値を、国力変動表⑤の欄に記入する。変動がない場合、そのままの数値を⑤に記入する。

＜ターン＞2前編

年貢による収入を、財力に加算します。加算額は、現在の支配状況によってどれか1つに決まります。
薩摩国大半を支配　→　加算財力40
島津分家抗争中　→　加算財力25
鹿児島城陥落　→　加算財力15

スライド16

　スライド16は、ターン2の前編で得られる年貢による収入を示しており、加算額は現在の支配状況によってどれか1つに決まる。

薩摩国大半を支配　→　加算財力40
島津分家抗争中　→　加算財力25
鹿児島城陥落　→　加算財力15

戦国島津家

<＜ターン２＞前編>

１５４９年、いくつもの戦いに勝ち、薩摩国の統一に成功します。
国内の支配体制を確立させていくとともに、隣国への進出準備を進めています。
そのさなかに、鹿児島港の役人から緊急事態が告げられます。

スライド17

港役人

申し上げます。
ポルトガル船が鹿児島港に現れました。
前回の船よりも大きく、きらびやかな旗を掲げています。
船員が小舟で近づいて来て、贈物を渡していったそうです。
代表のような者が神の教えを広めたいと申しておるそうです。
いかが、いたしましょうか。

スライド18

スライド17・18では、ターン2前編である1549年の状況と鹿児島港からの急報を示している。

１５４９年、いくつもの戦いに勝ち、薩摩国の統一に成功します。国内の支配体制を確立させていくとともに、隣国への進出準備を進めています。そのさなかに、鹿児島港の役人から緊急事態が告げられます。

申し上げます。ポルトガル船が鹿児島港に現れました。前回の船よりも大きく、きらびやかな旗を掲げています。船員が小舟で近づいて来て、贈り物を渡していったそうです。代表のような者が、神の教えを広めたいと申しておるそうです。いかが、いたしましょうか。

12	評定事項	鉄砲を手に入れている場合，その作り方を研究して自作する。（消費財力３）
13	仕置家老専決事項	島津分家に味方した国人たちを，家臣として役職につける。（消費財力９）
14	仕置家老専決事項	島津分家に味方した国人たちを，国外に追放する。（消費財力１）
15	評定事項	神の教えを広めることを認め，上陸を許可する。（消費財力１）
16	評定事項	神の教えを広めることを禁じ，退去させる。（消費財力１）
17	勘定奉行専決事項	ポルトガル船に，贈り物のお礼として金品を贈る。（消費財力４）
18	戦奉行専決事項	隣国への進出に備えて，多くの兵士を雇う。（消費財力６）
19	国家老専決事項	農民を下級武士として，軍勢に加える。（消費財力３）

スライド19

スライド19は、その対応として考えられる「政策事項」を示している。年貢の収入による加算分を見越して、所有する財力を勘案して決定する。専決事項と評定事項の扱いについてはターン1と同様である。今回検討する政策事項は次の通りである。事項12は鉄砲を取得していることが条件である。

まず年貢による加算分を確認し、政策決定後、消費した財力を合計して、国力変動表の⑥に記入する。

後編2−1

事項12・15・17のどれか2つを実施した場合、軍勢に鉄砲を装備できます。

事項13・18・19のどれか2つを実施した場合、軍団制度が確立されます。（増加軍事力9）

スライド20

スライド20は、後編2−1として前編での選択による影響を示している。

事項12・15・17のどれか2つを実施した場合、軍勢に鉄砲を装備できます。（増加軍事力4）

事項13・18・19のどれか2つを実施した場合、軍団制度が確立されます。（増加軍事力9）

鉄砲を装備できた場合、記録表の鉄砲状況で「装備」に〇をつける。「取得」に〇がなくても、条件を満たせば「装備」に〇をつけて構わない。これらによって変動した数値を、国力変動表⑦の欄に記入する。変動がない場合、そのままの数値を⑦に記入する。

後編2−2

事項15か16のどちらかを実施した場合、町役人から相談が持ち込まれます。

スライド21

町役人

申し上げます。
ポルトガル船の者どもから申し出が多数きております。
はじめてのことばかりで、どうして良いか分かりませね。
いかが、いたしましょうか。

スライド22

スライド21・22は、後編2−2として、ポルトガル人と宗教について関わりを持った場合の町役人からの相談を示している。

事項15か16のどちらかを実施した場合、町役人から相談が持ち込まれます。

申し上げます。ポルトガル船の者どもからの申し出が多数きております。はじめてのことばかりで、どうして良いか分かりませね。いかが、いたしましょうか。

後編2−2

20　評定事項　キリスト教を広める宣教師が、教会を建ててほしいと言っています。（消費財力6）
21　評定事項　ポルトガル船の船員が、鉄砲の作り方を教えると言っています。（消費財力3）
22　評定事項　宣教師が、貧しい人々に食料を提供したいと言っています。（消費財力1）
23　評定事項　船長が、ポルトガル船用の港を作ってほしいと言っています。（消費財力12）
24　評定事項　船員が新しい農作物の植え付けを教えると言っています。（消費財力1）
25　評定事項　船員が、自分たちの費用で病院を開設すると言っています。（消費財力3）

スライド23

スライド23は、その対応として考えられる「政策事項」を示している。

20　評定事項　キリスト教を広める宣教師が、教会を建ててほしいと言っています。（消費財力6）

21　評定事項　ポルトガル船の船員が、鉄砲の作り方を教えると言っています。（消費財力3）

22　評定事項　宣教師が、貧しい人々に食料を提供したいと言っています。（消費財力1）

23　評定事項　船長が、ポルトガル船用の港を作ってほしいと言っています。（消費財力12）

24　評定事項　船員が、新しい農作物の植え付けを教えると言っています。（消費財力1）

25　評定事項　船員が、自分たちの費用で病院を開設すると言っています。（消費財力3）

これらによって変動した数値を、国力変動表⑧の欄に記入する。変動がない場合そのままの数値を⑧に記入する。

後編2－3

事項20または23を実施した場合、
スペイン船が2隻来航します。(増加財力6)

事項21を実施した場合、鉄砲が生産できます。
事項22・24・25を実施した数に応じて、収入が
増えます。

実施1＝増加財力3
実施2＝増加財力6
実施3＝増加財力10

スライド24

スライド24は、後編2－3として2－2での選択による影響を示している。

事項20または23を実施した場合、スペイン船が2隻来航します。(増加財力6)
事項21を実施した場合、鉄砲を生産できるようになります。
事項22・24・25を実施した数に応じて、収入が増えます。
(実施1＝増加財力3、実施2＝増加財力6、実施3＝増加財力10)

鉄砲を生産できるようになった場合、記録表の鉄砲状況で「生産」に〇をつける。これらによって変動した数値を、国力変動表⑨の欄に記入する。変動がない場合、そのままの数値を⑨に記入する。

＜ターン3＞前編

1554年、薩摩国の支配を確立し、
隣の大隅国（鹿児島県東部）の統一に向けて、
戦いが続いています。
急激に支配地方と家臣が増えたため、財政状況
が厳しくなっています。

スライド25

＜ターン3＞前編

支配地が増えているものの、必要経費が増えています。
年貢による収入を、20財力に加算します。
そのさなかに、大隅国攻略中の侍大将からの使者が緊急事態を告げます。

スライド26

使者

申し上げます。大隅国の国人どもが強硬に立ち向かい、攻略が難航しております。
肥後国（熊本県）の相良家が、陰で国人どもを支援していることが分かりました。
いかが、いたしましょうか。

スライド27

スライド25〜27は、ターン3の前編である1554年の状況と得られる年貢収入が少なくなっていること、さらに国内からの報告を示している。

1554年、薩摩国の支配を確立し、隣の大隅国（鹿児島県東部）の統一に向けて、戦いが続いています。急激に支配地方と家臣が増えたため、財政状況が厳しくなっています。そのさなかに、大隅国攻略中の侍大将からの使者が緊急事態を告げます。

申し上げます。大隅国の国人どもが強硬に立ち向かい、攻略が難航しております。肥後国(熊本県)の相良家が、陰で国人どもを支援していることが分かりました。いかが、いたしましょうか。

支配地が増えているものの、必要経費が増えています。年貢による収入を、20財力に加算します。

26 戦奉行専決事項 鉄砲を手に入れている場合、大隅国での戦いで使用する。(消費財力1)
27 仕置家老専決事項 増え過ぎた家臣のうち、最近に雇った者を辞めさせる。(消費財力2)
28 仕置家老専決事項 増え過ぎた家臣のうち、働きが悪い者を辞めさせる。(消費財力2)
29 国家老専決事項 農民の納める年貢を一律に5割増にする。(消費財力3)
30 評定事項 鉄砲の大量生産を目指して、作業所を作る。(消費財力6)
31 勘定奉行専決事項 相良家に金品を贈り、大隅国から手を引かせる。(消費財力9)
32 評定事項 鹿児島に居住しているポルトガル人から、税を取る。(消費財力1)

スライド28

スライド28は、その対応として考えられる「政策事項」を示している。年貢収入の加算分を見越して、所有財力を勘案して決定する。
専決事項と評定事項の扱いについてはこれまでと同様である。

26 戦奉行専決事項 鉄砲を手に入れている場合、大隅国での戦いで使用する。(消費財力1)
27 仕置家老専決事項 増え過ぎた家臣のうち，最近に雇った者を辞めさせる。(消費財力2)

28 仕置家老専決事項 増え過ぎた家臣のうち，働きが悪い者を辞めさせる。(消費財力2)
29 国家老専決事項 農民の納める年貢を，一律に5割増にする。(消費財力3)
30 評定事項 鉄砲の大量生産を目指して，作業所を作る。(消費財力6)
31 勘定奉行専決事項 相良家に金品を贈り，大隅国から手を引かせる。(消費財力9)
32 評定事項 鹿児島に居住しているポルトガル人から，税を取る。(消費財力1)

まず年貢による加算分を確認し、政策決定後、消費した財力を合計して、国力変動表の⑩に記入する。

後編３−１

事項27・28・29・32を実施した数に応じて、収入が増えます。
　実施１＝増加財力３
　実施２＝増加財力７
　実施３＝増加財力１１
　実施４＝増加財力１６

スライド29

　スライド29は、後編３−１として前編での選択による影響を示している。

> **事項 27・28・29・32 を実施した数に応じて、収入が増えます。（実施１＝増加財力３、実施２＝増加財力７、実施３＝増加財力１１、実施４＝増加財力１６)**

　収入増に直結する選択によって変動した数値を、国力変動表⑪の欄に記入する。変動がない場合、そのままの数値を⑪に記入する。

後編３−２

事項27か28のどちらか１つでも実施した場合、町奉行が緊急事態を告げます。

スライド30

町役人

申し上げます。先に追放いたしました家臣たちが、島津分家の元に集まり反乱を企てているという情報が入りました。
いかが、いたしましょうか。

スライド31

後編３−２

33　戦奉行専決事項　　軍勢を差し向け
　　　　　　　　　　　　ただちに征伐する。(消費財力６)
34　評定事項　　　　　　追放した家臣を、全て
　　　　　　　　　　　　雇い入れる。(消費財力８)
35　勘定奉行専決事項　島津分家に金品を贈り、
　　　　　　　　　　　　反乱を思いとどまらせる。(消費財力５)

スライド32

　スライド30〜32では、家臣を解雇したために反乱の企てが起きたことを町役人が報告し、その対応策を示している。

> **事項 27 か 28 のどちらか１つでも実施した場合、町奉行が緊急事態を告げます。**

> 　申し上げます。先に追放いたしました家臣たちが、島津分家の元に集まり反乱を企てているという情報が入りました。いかが、いたしましょうか。

> 事項33　戦奉行専決事項　　軍勢を差し向け、ただちに征伐する。(消費財力６)
> 事項34　評定事項　　　　　　追放した家臣を、全て雇い入れる。(消費財力８)
> 事項35　勘定奉行専決事項　島津分家に金品を贈り、反乱を思いとどまらせる。(消費財力５)

　この対応策によって変動した数値を、国力変動表⑫の欄に記入する。変動がない場合、そのままの数値を⑫に記入する。

後編３−３

事項29を実施した場合、郡（こおり）奉行が緊急事態を告げます。

スライド33

郡奉行

申し上げます。
薩摩国の農民たちが、一揆を起こす計画を立てているという情報が入りました。
いかが、いたしましょうか。

スライド34

後編３−３

36　国家老専決事項　　農民の年貢を半減して、
　　　　　　　　　　　　一揆を思いとどまらせる。(消費財力８)
37　仕置家老専決事項　役人を差し向け、
　　　　　　　　　　　　かかわった農民を捕まえる。(消費財力３)
38　評定事項　　　　　　宣教師に説得してもらい
　　　　　　　　　　　　一揆を思いとどまらせる。(消費財力１)

スライド35

　スライド33〜35では、後編３−３として、年貢の５割増を実施したために一揆の企てが起きたことを郡奉行が急報し、その対応策を示している。

> **事項 29 を実施した場合、郡奉行が緊急事態を告げます。**

申し上げます。薩摩国の農民たちが、一揆を起こす計画を立てているという情報が入りました。いかが、いたしましょうか。

事項36　国家老専決事項　　農民の年貢を半減して、一揆を思いとどまらせる。（消費財力8）
事項37　仕置家老専決事項　役人を差し向け、かかわった農民を捕まえる。（消費財力3）
事項38　評定事項　　　　　宣教師に説得してもらい、一揆を思いとどまらせる。（消費財力1）

　これらによって変動した数値を、国力変動表⑬の欄に記入する。変動がない場合、そのままの数値を⑬に記入する。

後編3－4
事項36も37も実施していない場合、一揆が発生します。（減少財力13）

スライド36

　スライド36では、後編3－4として、一揆の対策を十分に行わなかった場合、一揆が発生することを示している。

事項36か37を実施していない場合、一揆が発生します。（減少財力13）

　一揆が起きて変動した数値を、国力変動表⑭の欄に記入する。変動がない場合、そのままの数値を⑭に記入する。

　なお、解雇した家臣団による反乱の企ては未遂に終わったこととする。

後編3－5
賢君として名高い若殿様から、国政にかかわるお尋ねがあります。

スライド37

若殿様
いつも島津家のために働き、ご苦労である。
大隅国の統一も目前であるが、島津家の勢力を日向（ひゅうが＝宮崎県）国にも広げるのが、我の考えである。
今、この時に無理をしてでも大隅国を統一しなくては，日向国は豊後（ぶんご＝大分県）の大友家に押さえられてしまう。

スライド38

若殿様
財政状況が厳しいことは、承知しておる。
そこで、我に考えがある。
鹿児島に居住させておるポルトガル人たちにかかる費用を見直し、採算が悪いものを整理せよ。
もちろん、他の方策でも良い。
とにかく、大隅国統一の戦費、財力60を準備いたせ。

財力が60を必ず越えるように、政策事項を実施します。

スライド39

　スライド37～39では、後編3－5として、若殿からの命令が伝えられる。

賢君として名高い若殿様から、国政にかかわるお尋ねがあります。

　いつも島津家のために働き、ご苦労である。大隅国の統一も目前であるが、島津家の勢力を日向（ひゅうが＝宮崎県）国にも広げるのが、我の考えである。今、この時に無理をしてでも大隅国を統一しなくては、日向国は豊後（ぶんご＝大分県）の大友家に押さえられてしまう。財政状況が厳しいことは，承知しておる。そこで、我に考えがある。鹿児島に居住させておるポルトガル人たちにかかる費用を見直し、採算が悪いものを整理せよ。もちろん、他の方策でも良い。とにかく、大隅国統一の戦費、財力60を準備いたせ。

後編3－5
39　評定事項　鹿児島の教会からは収入がないので、支援を打ち切る。（増加財力6）
40　評定事項　貿易船は年に数隻しか来ないので、外国船用の港を閉鎖する。（増加財力12）
41　評定事項　ポルトガル人の財産を没収し、国外に追放する。（増加財力16）
42　評定事項　娘を人質に出し、相良家から借金をする。（増加財力9）
43　評定事項　家臣たちの給料を、3年間だけ半額にする。（増加財力14）
44　評定事項　鉄砲を所有している場合、全て売却する。（増加財力5）

スライド40

　スライド40は、若殿の命令により財力60を準備するための政策事項を示している。国力変動表⑭の時点で残っている財力と合わせて60を超えるように選択しなくてはならない。

財力が60を必ず越えるように、政策事項を実施します。

事項39　評定事項　鹿児島の教会からは収入がないので、支援を打ち切る。（増加財力6）

事項40　評定事項　貿易船は年に数隻しか来ないので、外国船用の港を閉鎖する。（増加財力12）

事項41　評定事項　ポルトガル人の財産を没収し、国外に追放する。（増加財力16）

事項42　評定事項　娘を人質に出し、相良家から借金をする。（増加財力9）

事項43　評定事項　家臣たちの給料を、3年間だけ半額にする。（増加財力14）

事項44　評定事項　鉄砲を所有している場合、全て売却する。（増加財力5）

政策決定後、増加した財力を合計して、国力変動表の⑮に記入する。

後編3－6

若殿様の命令通り、大隅国を統一します。
（消費財力60）

事項41を実施した場合、
ポルトガル人との戦が起きます。（減少軍事力8）
事項42を実施した場合、
家臣たちの信頼が下がります。（減少軍事力5）
事項43を実施した場合、
家臣の気力が大幅に下がります。（減少軍事力12）

スライド41

スライド41では、後編3－6として大隅国統一と、その対応策として無理をした部分の結果を示している。

若殿様の命令通り，大隅国を統一します。（消費財力60）

事項41を実施した場合、ポルトガル人との戦いが起きます。
（減少軍事力8）

事項42を実施した場合、家臣たちの信頼が下がります。
（減少軍事力5）

事項43を実施した場合、家臣たちの気力が大幅に下がります。（減少軍事力12）

これらによって変動した数値を、国力変動表⑯の欄に記入する。変動がない場合、そのままの数値を⑯に記入する。

＜最終結果＞
国力を計算します。
　財力　→　×2
　軍事力　→　＋鉄砲状況
　　　　取得 0　装備 10　生産 5　大量 50

スライド42

スライド42では、最終結果の計算を示している。最終的には、必ず薩摩・大隅の2国を支配している状態になっている。

＜最終結果＞
国力を計算するために、残っている財力を全て軍事力に変換します。変換率は、財力1＝軍事力2です。財力を変換したものと、残っている軍事力を合わせたものが、国力です。

国力の計算は、次の手順でおこない、その結果を（最終国力）に記入する。

手順1　国力変動表⑯の財力の数値を2倍にする

手順2　鉄砲状況のうち、〇がついているものの数値を合計する

　　　　取得 0　装備 10　生産 5　大量 50

手順3　国力変動表⑯の軍事力の数値と手順1・2の数値を合計する

なお、1554年の時点では鉄砲の大量取得は不可能であったことに気づかせたい。

ザ・戦国島津家

最終段階での位置を考えましょう。

スライド43

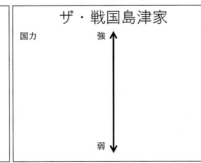

スライド44

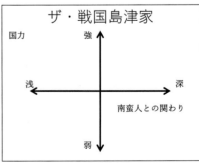

スライド45

スライド43～47は、事後の考察に用いる図を示している。縦軸を国力の強さ、横軸を南蛮人との関わりの深さと設定し、各班が最終結果としてどのあたりに位置するのかを考える。班員の4人は結果を共有しているの

戦国島津家

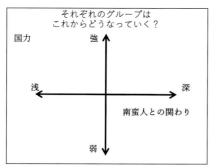

それぞれのグループは
これからどうなっていく？

国力

強

浅 ←――――――→ 深

南蛮人との関わり

弱

スライド46

ザ・戦国島津家

感想と考えられる改良点を書きましょう。

スライド47

で、他の班の班員と組み合わせて比較するのも良い。その後、各班の島津家がその後どうなっていくかを予想する。

ターン3の1559年には、武田信玄・上杉謙信・今川義元・織田信長などの大名が各地で勢力を広げつつある。この時点での領土の広さは島津家も同等以上である。これらの大名が図の中のどのあたりに位置するのかを考え、その大名のその後を参考に、各班の島津家のその後を考える。

また、南蛮人との関わりを深めたほうが良いということは分かっていても、国内のさまざまな事情がそれを許さない場合がほとんどであったことや、取得が困難であったからこそ鉄砲が戦国時代を大きく変えるきかっけになったことを考察したい。

戦国島津家　記録表

（役職分担表）

戦奉行		仕置家老	
国家老		勘定奉行	

（国力変動表）

記入欄		①	②	③	④	⑤	⑥	⑦	⑧	⑨	⑩	⑪	⑫	⑬	⑭	⑮	⑯
財力	30																
軍事力	30																

（国力変動表）

	前編			後編		
ターン1	事項1(戦)	実施	見送り	事項6(戦)	実施	見送り
	事項2	実施	見送り	事項7(勘)	実施	見送り
	事項3(仕)	実施	見送り	事項8	実施	見送り
	事項4(国)	実施	見送り	事項9(戦)	実施	見送り
	事項5(勘)	実施	見送り	事項10(勘)	実施	見送り
				事項11	実施	見送り
ターン2	事項12	実施	見送り	事項20	実施	見送り
	事項13(仕)	実施	見送り	事項21	実施	見送り
	事項14(仕)	実施	見送り	事項22	実施	見送り
	事項15	実施	見送り	事項23	実施	見送り
	事項16	実施	見送り	事項24	実施	見送り
	事項17(勘)	実施	見送り	事項25	実施	見送り
	事項18(戦)	実施	見送り			
	事項19(国)	実施	見送り			
ターン3	事項26(戦)	実施	見送り	事項33(戦)	実施	見送り
	事項27(仕)	実施	見送り	事項34	実施	見送り
	事項28(仕)	実施	見送り	事項35(勘)	実施	見送り
	事項29(国)	実施	見送り	事項36(国)	実施	見送り
	事項30	実施	見送り	事項37(仕)	実施	見送り
	事項31(勘)	実施	見送り	事項38	実施	見送り
	事項32	実施	見送り	事項39	実施	見送り
				事項40	実施	見送り
				事項41	実施	見送り
（鉄砲状況）				事項42	実施	見送り
取得　装備　生産　大量				事項43	実施	見送り
				事項44	実施	見送り

（最終国力）

戦国島津家

ザ・織田信長

織田信長はそれまでの武士の世界の常識を打ち破り、全く新しい発想で国造りを行いました。特に金銭感覚（お金の有効な使い方）に優れ、時代の先を読むことができたために一気に勢力を強めました。どこまで信長に近づけるか、考えてみてください。

スタート時の所持金は 　　　　　　　　　　　　　 両です。

| 第一章 | 父・織田信秀が亡くなり、居城（自分専用の城）を造ります。3つの中から必ず1つを選んでください。 |

- ☐ 200両　清洲（きよす）城・・・平地に築かれた平城（ひらじろ）
- ☐ 450両　小牧山（こまきやま）城・・・小高い山の山頂に築かれた山城
- ☐ 600両　墨俣（すのまた）城・・・周囲を川に囲ませて築かれた川城

この城に付属設備を造ることができます。必要ならばいくつでも選ぶことができます。

- ☐ 100両　5階建ての豪華な天守閣（高い建物）
- ☐ 　50両　敵の侵入を防ぐ深い堀
- ☐ 　30両　非常事態に備えた抜け穴

家臣団が意見を言っています。誰を採用して侍大将（さむらいだいしょう）にしますか。

選んだ人数の分だけ軍勢の規模が大きくなります。最低1人以上選んでください。

- ☐ 　50両　柴田権六（しばたごんろく）「ふつうより長い槍（やり）を持たせた長槍隊を作りましょう」
- ☐ 　80両　丹羽忠太（にわちゅうた）「弓隊を作りましょう」
- ☐ 200両　前田又左（まえだまたざ）「鉄砲隊を作りましょう」
- ☐ 120両　滝川亮四郎（たきがわすけしろう）「忍者を集めた部隊を作りましょう」
- ☐ 　2両　木下藤吉郎（きのした　とうきちろう）
  「ひたすら訓練して破壊工作を専門とする特殊部隊を作りましょう」
- ☐ 　5両　蜂須賀小六（はちすかころく）「やくざ者を集めて部隊を作りましょう」
- ☐ 　2両　河尻康一郎（かわじりこういちろう）
  「他国の様子を探りすばやく連絡ができる情報部隊を作りましょう」
- ☐ 　5両　平手健太郎（ひらてけんたろう）「殿をお守りする親衛隊を作りましょう」
- ☐ 100両　佐久間弾正（さくまだんじょう）
  「武田信玄にならって機動力に優れた騎馬隊を作りましょう」

支出	残金
両	両

　1560年、駿河（静岡県）の今川義元（いまがわよしもと）と戦います。

籠城して負けた場合は300両、奇襲して負けた場合は500両の罰金をとります。

どの作戦をとりますか、4つの中から必ず1つを選んでください。

- ☐ 100両　2年分の食料を買い入れて籠城（ろうじょう＝城にこもる）
- ☐ 　5両　籠城の噂を流しておいて奇襲（きしゅう＝不意打ち）
- ☐ 　2両　綿密な（こまかな）計画を立てておいて奇襲
- ☐ 　0両　いきなり奇襲

＊戦いのタイプを確認してください・・・A B C D

＊部隊をどこに配置しますか、指定された数だけ数字に〇をつけてください。

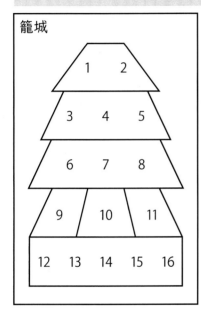

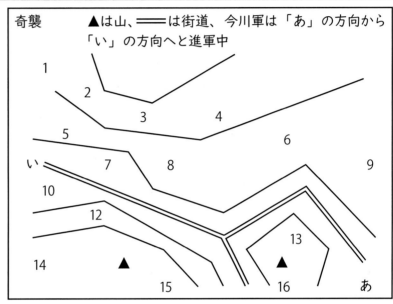

籠城

奇襲　▲は山、＝＝は街道、今川軍は「あ」の方向から「い」の方向へと進軍中

戦いの結果・・・勝ち 負け

支出	残金
両	両

　美濃（岐阜県）を占領し、居城を岐阜城としました。新しい家臣団が意見を言っています。

誰の意見を採用しますか。最低1人以上選んでください。

- ☐ 　10両　竹中半兵衛（たけなかはんべえ）「領国内の市を自由にさせましょう」
- ☐ 100両　木下藤吉郎「領国内のすべて関所を廃止しましょう」
- ☐ 200両　明智光秀（あけちみつひで）「将軍や朝廷とのつながりを強めましょう」
- ☐ 　5両　安藤広家（あんどうひろいえ）「領国内の座を自由化しましょう」
- ☐ 200両　氏家朴全（うじけぼくぜん）「京都までの街道を整備しましょう」
- ☐ 200両　稲葉一鉄（いなばいってつ）

　　「南蛮貿易で栄えている堺の商人を手なずけて鉄砲を手に入れましょう」

支出	残金
両	両

織田信長

第四章

朝倉攻めの途中、信長のところに陣中見舞い
（応援）の品が届きました。このうちの一つは
浅井長政の妻となっている信長の妹お市から
のものでした。それは奇妙な小豆（あずき）
袋でした。

これを見た信長は全軍に命令を出しました。何を命じますか。

この判断に失敗した場合は罰金を５００両とします。

支出	残金
両	両

　１５７３年、将軍足利義昭を追放し信長は天下をほぼ手に入れました。新しい家臣団が意見
を言っています。どれを採用しますか。最低1人以上選んでください。

☐ 100 両　細川幽斉（ほそかわゆうさい）
　　　　　「近江に国友という鉄砲の産地があるのでここを占領して鉄砲を独占しましょう」

☐ 　50 両　荒木雄大（あらきゆうだい）
　　　　　「織田家にたてつく比叡山の延暦寺を焼き払い、反乱者をなくしてしまいましょう」

☐ 　10 両　高山右近（たかやまうこん）「キリスト教を認め、南蛮人とのつながりを強めましょう」

☐ 100 両　黒田官兵衛（くろだかんべえ）「堺を支配し、鉄砲を独占しましょう」

☐ 200 両　蒲生氏郷（がもううじさと）「一向一揆の勢力を皆殺しにしましょう」

☐ 　50 両　石田佐吉（いしださきち）「金山と銀山の開発に力を入れましょう」

☐ 　50 両　京極高知（きょうごくたかとも）「朝廷の信用を手に入れましょう」

☐ 500 両　藤堂高虎（とうどうたかとら）
　　　　　「天下に織田家の強さを 示す安土（あづち）城を近江（滋賀県）に造りましょう」

支出	残金
両	両

第六章

1575年、信長に最後まで対抗した甲斐の武田家と戦います。

織田軍は3000丁の鉄砲を集めます。不足の鉄砲をすぐに買い集めてください。

支出	残金
両	両

第七章

いよいよ天下統一が目前となりました。家臣団が意見を言っています。

どれを採用しますか。いくつ選んでも（1つも選ばなくても）かまいません。

☐ 500両　羽柴秀吉（はしばひでよし）「朝鮮に兵を送り、これを征服しましょう」

☐ 300両　明智光秀「天皇の住居を豪華に改築して信用を得ましょう」

☐ 150両　九鬼嘉隆（くきよしたか）「海軍をつくりましょう」

☐ 60両　細川幽斉「家臣にお茶を習わせて文化的な家風（雰囲気）にしましょう」

☐ 120両　大村純忠（おおむらすみただ）「使節をローマに派遣しましょう」

☐ 5両　柴田勝豊（しばたかつとよ）

「かげで織田家転覆をねらう足利義昭を捜し出して処刑しましょう」

支出	残金
両	両

第八章

1582年、油断した信長を明智光秀が京都の本能寺で襲います。

炎に囲まれた信長、最後に1つだけ残る身内に命令を出すならばどれを選びますか。

☐ 長男・信忠（のぶただ）へ・・・ただちに京都から脱出し、明智を討ち取れ。

☐ 次男・信雄（のぶかつ）へ・・・安土城にこもって明智に対抗せよ。

☐ 三男・信孝（のぶたか）へ・・・同盟者徳川家康を頼って織田家を復興せよ。

☐ 妻・お濃（のう）へ・・・本能寺を脱出し羽柴秀吉を頼って織田家を復興せよ。

 —— 集計表 ——

1	3	5	7	8		合計

年　　組　　名前

感想など

織田信長

ザ・織田信長

「ザ・織田信長」は、平成5年に初めて作成し、その後、改訂を重ねてバージョン11になった。授業の進行はスライドショーによっておこない、生徒はワークシートプリントに記入しながら進めていくことになる。スライドショーの画面とワークシートプリントを示しながら、進行を説明していく。

Guide

ザ・織田信長

スライド1

おおまかなしくみとして、一定の所持金を8回に分けて使いながら織田信長の人生をたどっていくものである。提示された選択肢から所持金の範囲内で選択していき、最終的に選んだ選択肢ごとに設定されている「信長ポイント」を合計して成功・不成功を決定する。

織田信長はそれまでの武士の世界の常識を打ち破り、全く新しい発想で国造りを行いました。
特に金銭感覚に優れ、時代の先を読むことができたために一気に勢力を強めました。
どこまで信長に近づけるか、考えてみてください。
スタート時の所持金は3000両です。

スライド2

スタート時の所持金は 3000 両が標準であるが、適宜増減して構わない。途中で増えないということを確認し、ワークシートに見やすいよう赤文字で記入させる。

織田信長はそれまでの武士の世界の常識を打ち破り、全く新しい発想で国造りを行いました。特に金銭感覚（お金の有効な使い方）に優れ、時代の先を読むことができたために一気に勢力を強めました。どこまで信長に近づけるか、考えてみてください。

スタート時の所持金は ☐ 両です。

第一章

父・織田信秀が没し、信長が尾張（愛知県）の大名・織田家の当主となりました。居城を造ります。3つの中から必ず1つを選んでください。

清洲城　　小牧山城　　墨俣城

☑ 選択したものにチェックをつけてください。

スライド3

第一章は、全体のしくみや記入のやりかたを説明しながら進むようになっている。はじめに居城を選択させる。ワークシートには必要な費用と簡単な説明がついている。

第一章 父・織田信秀が亡くなり、居城（自分専用の城）を造ります。3つの中から必ず1つを選んでください。
☐200両 清洲（きよす）城・・・平地に築かれた平城（ひらじろ）
☐450両 小牧山（こまきやま）城・・・小高い山の山頂に築かれた山城
☐600両 墨俣（すのまた）城・・・周囲を川に囲ませて築かれた川城

第一章

この城に付属設備を造ることができます。
必要ならばいくつでも選ぶことができます。

家臣団が意見を言っています。
誰を採用して侍大将にしますか。
選んだ人数の分だけ軍勢の規模が大きくなります。

柴田権六　　　蜂須賀小六
丹羽忠太　　　河尻康一郎
前田又左　　　平手健太郎
滝川亮四郎　　佐久間弾正
木下藤吉郎

スライド4

選んだ居城に付属設備を造ることができ、費用を考えて選択させる。ここでは、必ずしも選択する必要がなく、「必ず選ぶ」と異なっていることを確認する。

続いて家臣団から侍大将を採用する。最低1人は採用するが、採用した人数分の軍団ができ、それだけ軍勢の規模が大きくなる。

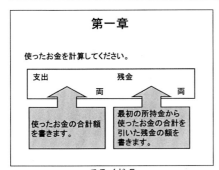

採用した侍大将は、それぞれに個性を持っている。述べている意見からその個性を推測しても良いし、タブレット端末などを利用して調べても良い。

所持金3000両を8回に分けて使うため、章ごとに400両程度が平均的な出費と考えると良いが、それにとらわれなかったのが織田信長であったことも意識させたい。

第一章

使ったお金を計算してください。

支出		残金	
	両		両

使ったお金の合計額を書きます。

最初の所持金から使ったお金の合計を引いた残金の額を書きます。

スライド5

章ごとの最後にある残金管理欄についての説明になっている。ここでは、第一章で使ったお金の合計、すなわち居城の費用、付属設備の費用と侍大将の費用を合わせたものを支出欄に書く。これを所持金から引いたものを残金欄に書く。この作業はこの後も繰り返すので、全員が理解していることを確認する。

第一章

信長ポイントを計算します。
チェックをつけた項目の横にポイントを書いてください。
30 ☑ （例）織田信長
　　 □ （例）徳川家康

スライド6

信長ポイントの計算方法を確認する。選択してチェックをつけたものの横に、示された数値を記入していく。選択していないものについては、数値は示されるものの記入しないままにしておく。

第一章

30 □ 清洲城　　5 □ 小牧山城　10 □ 墨俣城

10 □ 天守閣　　0 □ 深堀　　　0 □ 抜け穴

10 □ 柴田権六　　　0 □ 蜂須賀小六
5 □ 丹羽忠太　　　30 □ 河尻康一郎
20 □ 前田又左　　　0 □ 平手健太郎
5 □ 滝川亮四郎　　　0 □ 佐久間弾正
5 □ 木下藤吉郎　　合計を集計表1に書いてください。

スライド7

実際に選んだものについて、信長ポイントを示していく。この際に、1つ1つ解説を簡単につけていく。

居城について、信長は城を戦いの場とは考えていなかった。敵が城に攻め寄せるような状況をつくらない戦略を重視した。城は軍勢の基地であり、領民に対する権威の象徴であった。とすると、最も適しているのが平城であり、苦労して造る城はもったいないのである。

同じ発想から、付属設備として天守閣のみが価値を持つことになる。侍大将について、柴田権六（勝家）の言う長槍を信長は採用した。丹羽忠太（長秀）の言う弓については、信長本人は好んだものの風に影響されることから重視しなかった。前田又左（利家）の言う鉄砲隊に早くから着目して力を入れた。滝川亮四郎（一益）の言う忍者は、基本的に信用しなかった。木下藤吉郎（豊臣秀吉）の言う特殊部隊はまだ用いられなかった。蜂須賀小六（重政）の言うやくざ者は、逆に取り締まりの対象とされた。川尻康一郎の言う情報部隊を信長は重視し、桶狭間では重要な役割を果たすことになる。平手健太郎（正秀）の言う親衛隊は、信長にとって邪魔でしかなかった。佐久間弾正（信勝）の言う騎馬隊は、当時は最強とされていたが訓練に時間と労力がかかるため信長はこれを見切って鉄砲隊を組織したのである。

選択して記入していった信長ポイントを合計したものを、ワークシートの末尾にある集計表の「1」の欄に記入する。

集計表

1	3	5	7	8

第二章

1560年、駿河（静岡県）の
今川義元が
京都に攻め上るために
尾張に侵入しました。
今川軍は2万5千の大軍、
対する織田軍は
わずか3千です。

スライド8

第二章は、信長が小大名から一気に有力者に駆け上がるきっかけとなった桶狭間の戦いである。

第二章

城にこもる籠城か
相手の不意をおそう奇襲しかありません。
進行上、籠城して負けた場合は300両、
奇襲して負けた場合は500両の罰金をとります。
どの作戦をとりますか、必ず1つを選んでください。

スライド9

軍勢の差が圧倒的だったためにまともに戦っては勝ち目がなく、作戦は「籠城」か「奇襲」しかなく、どの作戦をとるかを選択する。負けた場合の罰金について確認しておく。

第二章

戦いのタイプを確認します。
　籠城　・・・　A
　噂奇襲・計画奇襲（川尻康一郎なし）・・・　B
　噂奇襲・計画奇襲（川尻康一郎あり）・・・　C
　いきなり奇襲（川尻康一郎なし）・・・　C
　いきなり奇襲（川尻康一郎あり）・・・　D

スライド10

戦いのタイプを確認する。選んだ作戦と、第一章で川尻康一郎を侍大将にしていたかどうかによってタイプが決定する。川尻康一郎の偵察によって、今川義元の位置を知ることになり、これが桶狭間の戦いで勝敗を分けることになからである。ワークシートのタイプに〇をつける。

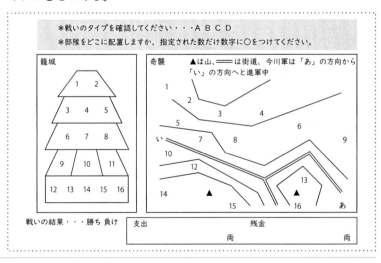

第二章

出陣できる軍団数を確認します。
　タイプA　・・・　2
　タイプB　・・・　3
　タイプC　・・・　侍大将の人数ー2
　タイプD　・・・　侍大将の人数
図の数字の場所に軍団数だけ〇をつけてください。

スライド11

タイプごとに出陣できる軍団数が決まっており、その数だけ図の中の数字に〇をつけることによって部隊を配置する。籠城の場合は城の図に、奇襲の場合は地図に〇をつける。

スライド12

桶狭間の戦いのようすである。今川勢が領国内に侵入しても信長は何も動こうともせず、何も語らない。不安がる家臣団をよそに、こっそりと偵察部隊だけを放っていた。実際の作戦は「いきなり奇襲」である。計画を練ったり噂を流したりすると、その過程で情報が漏れてしまうことを知っていたのである。

ある日、深夜になって信長はいきなり寝所から起きてきた。妻・お濃に命じて茶漬けを持って来させ、2杯をたいらげた。次に鼓を持って来させ、「敦盛の舞」を舞い、「人間五十年 下天のうちを比ぶれば 夢幻のごとくなり」と歌った。その後、甲冑を身につけ、「ついて来い」と言い残して馬を走らせた。夜半に着いた先は熱田神宮である。必勝を祈願すると未明には桶狭間の丘の上に向かった。昼前になると今川軍が目下を進軍してきた。暑くなったこともあり、昼の休息をとった今川軍の多くの将兵は甲冑を脱いでいた。狭い道を進むために縦長になった今川軍、その大将今川義元の居場所を偵察部隊が知らせてきた。このとき突如雷が鳴り、雨が降り始めた。「天は我に味方せり」と突撃を命じ、毛利新介と服部小平太が見事今川義元を討ち取るのである。

第二章

結果は一発勝負です。
次の番号に〇がつけられていれば勝ちです。

8

スライド13

桶狭間の戦いを紙上に再現することは難しいため、勝敗は一発勝負になっている。この場合は、城の図でも地図でも「8」に〇がついていたら勝ちとなる。複数の学級で実施する場合は、あとの学級ではスライドショーを書き換えておいて、11か7を勝敗の数字としても構わない。支出は作戦費用と負けた場合の罰金となる。

第三章

美濃（岐阜県）を占領し、居城を岐阜城としました。
天下布武に向けての国造りを進めます。
新しい家臣団が意見を言っています。
誰を採用しますか。
最低1人以上選んでください。

スライド14

第三章は、岐阜城を拠点にして天下布武（全国統一）に向けての国造りである。第一章の侍大将と同様に選択する。ここでは、支出の計算のみをおこない、信長ポイントは示さない。

第四章

信長は甲斐（山梨県）の武田信玄・三河（愛知県）の徳川家康・近江（滋賀県）の浅井長政と同盟を結び、足利義昭を15代将軍に立てて京都に上りました。
これに対抗するのは越前（福井県）の朝倉義景でした。

スライド15

第四章は、金ヶ崎の戦いである。妹・お市を嫁がせて同盟関係を結んでいた浅井長政の裏切りによって、危機に陥った戦いである。

この時期の情勢をスライドショーでは音声で読み上げる。生徒はワークシートの地図を見ながらこれを聞いて、状況を理解しようとする。ここでは、理解できないことも許容して進める。

第四章

朝倉家と浅井家は代々の
同盟関係にあり
このときの浅井家は当初は
朝倉攻めに反対したものの、
浅井家は手を出さない
ということで合意しました。

スライド 16

| 第四章 | 朝倉攻めの途中、信長のところに陣中見舞い（応援）の品が届きました。このうちの一つは浅井長政の妻となっている信長の妹お市からのものでした。それは奇妙な小豆（あずき）袋でした。 |

これを見た信長は全軍に命令を出しました。何を命じますか。

この判断に失敗した場合は罰金を500両とします。

支出	残金
両	両

第四章

朝倉攻めの途中、信長のところに
陣中見舞いの品が届きました。
このうちの一つは
浅井長政の妻となっている
信長の妹お市からのものでした。
それは奇妙なことに小豆を
袋に詰めたものでしたが、
袋の上下両方をひもで
くくってありました。

スライド 17

この時点では、敵は朝倉義景である。ここから第四章の終わりまで私語を禁止する。

そこに妹・お市から陣中見舞いの品が届く。有名な「小豆袋」である。

第四章

陣中見舞いに小豆を贈ることはよくありましたが
お市は信長に何かを伝えようとしたのでした。
これを見た信長は全軍に命令を出しました。
何を命じますか。
この判断に失敗した場合は罰金を500両とします。

スライド 18

これを見た信長は、全軍に対しての命令を出す。これを1分以内でワークシートに記入する。全軍に対する命令を書くように指示する。書けなければ負けになることを告げ、負けた場合の罰金を確認する。この時代に「分からない」は通用しなかったということを感じ取らせたい。

第四章

お市は浅井家の裏切り、挟み撃ちを知らせました。
これを感じ取った信長の命令は・・・

全軍撤退！
その他に正解として
逃げろ！
国に帰るぞ！

スライド 19

小豆自体に意味があるのではなく袋の上下両方をくくることに意味が込められていた。

手紙などでは途中で露見してしまって届かない恐れがあるため、小豆袋を使って両方から攻められる、挟み撃ちを伝えてきたのである。すなわち、浅井長政の裏切りを知らせてきたのである。当時の軍隊は方向の転換ができず、挟み撃ちは壊滅的な打撃を受けることになる。信長は撤退を決断し、難を逃れることができた。生徒の解答で「挟み撃ちだ」が多いと思われるが、だからどうするという部分を示せたもののみを正解とする。戦わずに逃げる決断ができたかが判断の基準となる。

第五章

将軍足利義昭を追放し
信長は天下をほぼ手に入れました。
新しい家臣団が意見を言っています。
どれを採用しますか。最低1人以上選んでください。

スライド 20

第五章は、京都を拠点にしての国造りである。第三章と同様に選択する。ここでも、支出の計算のみをおこない、信長ポイントは示さない。

第六章

信長に最後まで対抗したのは
甲斐の武田家でした。
武田信玄亡き後、
猛将・勝頼を中心に騎馬隊で
戦争を仕掛けてきました。

スライド 21

第六章は、長篠の戦である。戦国時代最強と言われた武田氏の騎馬隊を、鉄砲を持った足軽が打ち破り、おそらく世界で最初に鉄砲を実用した戦いとなった。

第六章

これに対抗して織田軍は3000丁の鉄砲を集め
柵を作って武田軍を破りました。

スライド 22

当時の鉄砲は発砲から次の発砲まで1分以上の時間がかかり、その間に討ち取られてしまうものであった。信長は3000丁という大量の鉄砲を用意して3隊に分け、1000ずつ交代で発砲させた。このことによって合間なく発砲でき、敵の接近を防ぐことができた。また、鉄砲隊の前に柵を設置することで、騎馬隊の侵入を困難にさせた。

第六章

鉄砲の数をチェックします。
第一章で「前田又左」を選んでいたら
　　　　　500丁の鉄砲があります。
第三章で「稲葉一鉄」を選んでいたら
　　　　　500丁の鉄砲があります。
第五章で「細川幽斉」を選んでいたら
　　　　　1000丁の鉄砲があります。
第五章で「黒田官兵衛」を選んでいたら
　　　　　1000丁の鉄砲があります。

スライド 23

これまでの選択で、現時点での鉄砲所有数が決まるようになっている。スライドショーの指示に従って、自分の選択に合わせて現有数を確認する。

第六章

合計で3000丁の鉄砲が必要です。
不足分をすぐに買い集めて下さい。
その費用は次の通りです。
　500丁で　300両
　1000丁で　600両
　1500丁で　900両
　2000丁で1100両
　2500丁で1300両
　3000丁で1500両

スライド 24

長篠の戦に勝つためには必ず3000丁が必要である。確認した所有数で足りない分をすぐに買い集めることになる。スライドショーが指示している金額を、支出欄に記入する。この時点で残金がマイナスになる場合がある。マイナスになっても鉄砲は買うこととして、残金額をマイナスで表記する。マイナスになった場合は、今後費用が必要な選択ができなくなる。また、借金はできない。

織田信長

103

いよいよ天下統一が目前となりました。
家臣団が意見を言っています、どれを採用しますか。

スライド 25

第七章は、天下統一を目前にしての国造りである。第三章・第五章と同様に選択する。所持金の残額がマイナスになっている場合は、1つも選択できない。ここでも、支出の計算のみをおこない、信長ポイントは示さない。

第八章

油断した信長を明智光秀が京都の本能寺で襲います。炎に囲まれた信長、最後に一つだけ残る身内に命令を出すならばどれを選びますか。

スライド 26

第八章は、本能寺の変である。京都では油断もあってか少ない側近とともに本能寺で寝泊まりをする信長を、重臣明智光秀が襲う。中国地方への援軍を命じられて出発した光秀は、丹波で「敵は本能寺にあり」と謀反を決意する。眠っている信長に小姓・森蘭丸が声をかけ、明智の旗印を見た信長は「もはやこれまで」と弓を取って戦う。すべてを撃ち尽くした信長は誰も入れるなと命じて奥の間に引き、火を放って自害した。架空の話になるが、残る身内に1つだけ出す命令を選択する。残金がない場合でも選択することができる。

> **第八章** 1582年，油断した信長を明智光秀が京都の本能寺で襲います。
> 炎に囲まれた信長、最後に1つだけ残る身内に命令を出すならばどれを選びますか。
>
> ☐ 長男・信忠（のぶただ）へ・・・ただちに京都から脱出し、明智を討ち取れ。
> ☐ 次男・信雄（のぶかつ）へ・・・安土城にこもって明智に対抗せよ。
> ☐ 三男・信孝（のぶたか）へ・・・同盟者徳川家康を頼って織田家を復興せよ。
> ☐ 妻・お濃（のう）へ・・・本能寺を脱出し羽柴秀吉を頼って織田家を復興せよ。

信長ポイントをチェックします

第三章

20	☐	竹中半兵衛
15	☐	木下藤吉郎
1	☐	明智光秀
15	☐	安藤広家
5	☐	氏家朴全
10	☐	稲葉一鉄

スライド 27

これまでの選択に対しての信長ポイントを確認する。進め方は第一章と同様である。第三章で、竹中半兵衛は楽市、木下藤吉郎は関所の廃止による産業発展を訴えた。明智光秀の言う朝廷とのつながりは後に面倒のもととなった。安藤広家は楽座、氏家朴全は街道整備で産業発展を訴えた。稲葉一鉄は堺との結びつきによって鉄砲の入手を進めようとした。

信長ポイントをチェックします

第五章

10	☐	細川幽斉
15	☐	荒木雄大
10	☐	高山右近
20	☐	黒田官兵衛
15	☐	蒲生氏郷
0	☐	石田佐吉
2	☐	京極高知
50	☐	藤堂高虎

スライド 28

第五章で、細川幽斉は国友での鉄砲生産に成功した。荒木雄大（村重）は延暦寺焼き打ちで仏教勢力を支配、高山右近はキリスト教許可、黒田官兵衛は堺の支配、蒲生氏郷は一向一揆の平定で実績を上げた。石田佐吉（三成）の金山は発見に至らなかった。京極高知の言う朝廷の信用はもはや必要なかった。藤堂高虎の安土城は天下の名城として知られる。

第七章では、慎重に判断することが必要である。羽柴秀吉の言う朝鮮出兵は大きな負担だけに終わる。明智光秀の言う天皇の信用はもはや不要となった。九鬼嘉隆の言う海軍編成に信長は力を入れていた。細川幽斉の言う茶の湯を信長は重用した。大村純忠の遣欧使節は帰還時にはキリスト教が禁止されていた。柴田勝豊の言う足利義昭は無用な悪評を立てるだけになる。

信長ポイントをチェックします

第七章
－10 □ 羽柴秀吉
　2 □ 明智光秀
　20 □ 九鬼嘉隆
　10 □ 細川幽斉
　1 □ 大村純忠
－10 □ 柴田勝豊

スライド 29

信長ポイントをチェックします

第八章
　0 □ 信忠
　25 □ 信雄
　3 □ 信孝
　1 □ お濃

スライド 30

第八章では、その後の歴史から判断する。長男・信忠への脱出命令は、明智が二条城も包囲したため不可能であった。次男・信雄は安土城を奪われることを恐れて焼き払ってしまうが、安土城に籠城していたなら明智に対抗できたはずである。三男・信孝は同盟者徳川家康を頼ったものの、見捨てられてしまう。妻・お濃は本能寺からの脱出を拒否して信長とともに自害してしまう。

信長ポイントをチェックします

全てのポイントを合計して下さい。
ただし、借金がある場合は
－50点です。

スライド 31

信長ポイントを書き出し、集計する。このとき、残金がマイナスになっていたら－50点とする。

ザ・織田信長

「成功」に必要な信長ポイントは…
300点　です。

スライド 32

成功に必要な信長ポイントは 300 点と設定している。40人の学級で、5人程度が成功するレベルになっている。

ザ・織田信長

「感想」を書いてください。

スライド 33

感想を記入する。ここでの記入内容が生徒の反応による質的評価につながる。時間を十分にとってしっかりと記入させたい。

織田信長

ザ・豊臣秀吉

> 目　的：秀吉ポイントを貯めながら身分を上げ、最終的に「天下人」になることです。
> 決まり：秀吉ポイントは歩みを進めるごとに少しずつ増えていきます。行動によって増えることもあります。
> 　　　　逆に、減ることもあります。また、負担の大きな選択をするときに使ってしまうこともあります。
> 　　　　大きな失敗をした場合や、身分の昇格が間に合わなかった場合は「人生の借り」が増えます。
> 　　　　これは、途中で精算することができますが、残したままにすると最後の段階で秀吉ポイントを減ら
> 　　　　します。

<第１歩>　何を身につけますか？　２つを選んでください

　　　☐ 木登り　　　☐ 大声　　　☐ 石投げ　　　☐ 走り　　　☐ 穴掘り　　　☐ 相撲

<第２歩>　資金を手に入れるために何を行商しますか？　１つ選んでください。

　　　☐ 縄はしご　　☐ 針　　　☐ 梅干し　　　☐ 桶　　　☐ 鎌

<第３歩>　遠江の小城主・松下嘉兵衛（まつしたかへえ）に仕え、身分が「足軽」になります。
　　　　　このために５秀が必要です。足りない場合は「人生の借り」が１つ増えます。

<第４歩>　足軽たちから切り抜ける特技がない場合は「人生の借り」が１つ増えます。
　　　　　松下嘉兵衛から刀探しを命じられます。どうしますか？　１つ選んでください。

　　☐ 大金を使って足軽たちを手なずける（１秀）
　　☐ 大金を持って他国に逃げる（２秀）
　　☐ 全力を尽くしてまたたく間に刀を手に入れる（３秀）

<第５歩>　信長こそ仕えるべき君主であると実感した理由はどれでしょうか？　２つ選んでください。

　　☐ 馬の乗り方が非常に上手であること　　　☐ 遊びに行く場所が毎日違うこと
　　☐ 供がついて来られないほどの速さで馬を走らせること
　　☐ いつも汚い身なりで行動していること　　☐ 農家のおばさんに怒られていること

<第６歩>　信長に仕えるために工夫をします。どうしますか？　１つを選んでください。

　　☐「尾張の国が危ない」と大声で泣いてみせる
　　☐ 信長の馬の横を走ってついて行く　　　☐ 猿のものまねをする

<第７歩>　良い仕事をしたかった藤吉郎、どうしますか？　いくつ選んでも構いません。

　　☐ 毎日馬屋で寝泊まりする（２秀）　　　☐ 気の合う仕事仲間を作る（４秀）
　　☐ 自分の給金を使って馬に良いえさをやる（５秀）
　　☐ 一切着替えをしない（１秀）

<第8歩>　「1つ望みを言うがよい」と信長、何を望みますか？　1つ選んでください。

☐ 侍大将にして欲しい　　　　　　　☐ 嫁を世話して欲しい

☐ この仕事をあと半年させて欲しい　☐ よい名前を授けて欲しい

☐ 望みは何もない

<第9歩>　石垣の修理を約束した藤吉郎、どうしますか？　いくつ選んでも構いません。

☐ 大工たちをもてなす（4秀）　　　☐ 棟梁の息子と親しくなる（2秀）

☐ 大工に給料を2倍払う（6秀）　　☐ 自分も必死に働く（1秀）

<第10歩>　誰と親しくなりますか？　何人選んでも構いません。（1人につき3秀）

☐ 大工の棟梁・脇坂尽右衛門（わきさかじんえもん）

☐ 盗賊の頭領・蜂須賀小六（はちすかころく）　　☐ 旅芸人・勘太夫（かんだゆう）

☐ 親戚の息子・木下定次（きのしたさだつぐ）　　☐ 小坊主・新開（しんかい）

☐ 美濃（みの：岐阜県）の農家・茂助（もすけ）

☐ 侍大将・前田又佐（まえだまたざ）　　　　　　☐ 足軽・毛利新助（もうりしんすけ）

<第11歩>　墨俣城を造るためにどんな手を打ちますか？　いくつ選んでも構いません。

☐ 成功したら侍大将に昇格させることを約束してもらう

☐ 美濃領内に盗賊を暴れさせる　　　☐ 材木を川の上流から流して運ぶ

☐ 壁の代わりに厚紙を貼る（6秀）　☐ 大工に給料を2倍出す（20秀）

☐ 成功したら墨俣城の城主にしてもらう

<第12歩>　美濃攻めを前に、信長に提案をします。　いくつ選んでも構いません。

☐ 長槍の有効性を訴える　　　　　　☐ 美濃の地形調査を行う

☐ 美濃斉藤家の家臣を寝返らせる　　☐ 美濃に住む軍師を招く

<第13歩>　誰と親しくなりますか？　何人選んでも構いません。（1人につき3秀）

☐ 大阪商人・茶屋四郎次郎（ちゃやしろじろう）　☐ 小坊主・雪才（せっさい）

☐ 大阪豪族・中川清秀（なかがわきよひで）　　　☐ 小坊主・佐吉（さきち）

☐ 僧侶・利休（りきゅう）　　　　　　　　　　　☐ 浪人・加藤康二郎（かとうこうじろう）

☐ 大阪商人・納屋正安（なやしょうあん）　　　　☐ 侍大将・明智光秀（あけちみつひで）

<第14歩>　殿軍（しんがり）を引き受けます。連れて行く腹心を4人選んでください。

①	②	③	④

次に進む道を選んでください。選んだ道には〇をつけます。

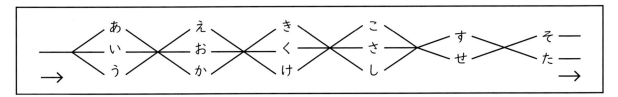

<第15歩> 朝倉家・浅井家を滅ぼした信長から長浜城と5秀を与えられ、大名に昇格します。信長から大名の条件として「才能と度胸と運の持ち主」であることを望まれます。条件を満たして、名前を羽柴秀吉（はしばひでよし）と改めます。

<第16歩> 謀反の疑いをかけられ、どうしますか？ いくつ選んでも構いません。

- ☐ 信長が気に入っている茶人に茶会の席で弁解してもらう（6秀）
- ☐ 雇った浪人を全て追放する（2秀、名束正家の追放）
- ☐ 信長から信頼されている大名の明智光秀に弁解してもらう（3秀）
- ☐ 大阪商人に秀吉が悲しんで毎晩泣いているという噂を流してもらう（5秀）
- ☐ 毎日宴会を開いて長浜城にある財産を全て使い果たす
- ☐ 一人で京都の信長に会いに行き直接弁解する（2秀）

<第17歩> 信長の信用を取り戻し、中国地方の毛利家との戦いを指揮していた秀吉。この最中に本能寺の変で信長が討たれたことを知ります。和睦を決めた秀吉は、無償で撤退する代わりに清水宗治を切腹させることを毛利家と約束しました。

<第18歩> 備前（びぜん：岡山県）から大阪まで3日で駆け戻り、明智光秀を討ちます。強行軍はおよそ半数が脱落すると予想されます。軍の人数と移動方法を設定します。

　　軍の人数（1秀につき1000人）・・・（　　　　）秀→（　　　　　　）人

　　移動方法、いくつ選んでも構いません。

- ☐ 大声をかけて励まし続ける（1秀）
- ☐ 無事にたどり着いたら10倍の給料を約束する（10秀）
- ☐ 通り道の街にあらかじめ知らせておき、握り飯を用意させる（3秀）
- ☐ じゃまになる槍は捨てさせ、大阪で新しいものを用意しておく（5秀）

　　・・・山崎の戦い・・・　　負けた場合は人生の借りが2つ増えます。

秀吉軍　　　　　　　　　　　　　　　　　　　　　明智軍
（　　　　　　　）×（　　　）＝（　　　　）人　対　（　　　　　）人

<第19歩> 家康との駆け引きを行っていきます。全ての問いに1つ選んでください。

①小牧・長久手（こまき・ながくて）の戦いが長引いてしまいました。どうしますか？

☐ 家康の責任を一切問わないこととして家康に手を引かせ、信雄・信孝だけを討つ

☐ 信雄・信孝と和解し、家康に戦う理由を無くさせてしまう

☐ 朝廷の命令を出させて、家康と停戦する

②家康の娘・千姫を秀吉の長男・秀頼の妻とすることを交渉しています。どうしますか？

☐ 秀吉の姉と母を人質として家康の岡崎城に送る

☐ 秀吉が自ら岡崎城に行き、家康と交渉する

☐ 家康の身分を秀吉と同格にまで格上げすることを条件に交渉する

③「無礼者」本多作左右衛門を、このあとどうしますか？

☐ 本多作左右衛門の切腹を要求する

☐ 本多作左右衛門の責任を一切問わない

☐ 家康に対してすまなかったと頭を下げる

④全国の大名たちの前で、家康に何を与えますか？

☐ 信長からもらった刀

☐ 秀吉の陣羽織（軍服）

☐ 関白の位

⑤さらに家康との結びつきを強めるために血縁関係を結びます。どうしますか？

☐ 秀吉の側室・淀君（よどぎみ）の妹を家康の妻にする

☐ 秀吉の姉を離婚させて、家康の妻にする

☐ 家康の妻の妹を秀吉の妻にする

⑥家康に圧力をかけようと思います。どうしますか？

☐ 無礼をはたらいた家康の四男に切腹を命じる

☐ 家康の家老を、秀吉側に寝返らせる

☐ 家康の家老を、忍者を使って暗殺する

⑦家康に対して関東への国替えを交渉します。何をしながら行いますか？

☐ 2人で温泉に入りながら

☐ 2人で酒を飲みながら

☐ 2人で立ち小便をしながら

⑧自分が家康よりも早く死んでしまった場合に備えて対策を取ります。どうしますか？

☐ 家康と同格の権限を持つ大名を4人つくる

☐ 家康に全ての決定権を任せ、信頼を裏切らないことを約束させる

☐ 家康に絶対に裏切らないことを約束した誓詞を書かせる

<第20歩>　天下統一後に向け、どの政策を行いますか？　いくつ選んでも構いません。

☐ 堺・博多などの貿易港を完全に支配下に置く（6秀）

☐ 貿易船の派遣を全て許可制にする（5秀）

☐ 信長時代に広まったキリスト教を禁止する（2秀）

☐ キリスト教徒に対して厳しい弾圧を加える（5秀）

☐ 全国の農地を測量して年貢の量を定める（10秀）

☐ 半年に1度全国の大名を集めて大茶会を開く（5秀）

☐ 高い位を手に入れ、天皇から関白に任命してもらう（2秀）

☐ 朝鮮半島に対して出兵する（15秀）

☐ 農民から武器を全て取り上げる（8秀）

☐ 才能があっても農民は出世できないことを定める（2秀）

<第21歩>　天下統一が目前となりました。各問いに1つずつ答えを選んでください。

①北条方からの裏切り者、松田憲秀をどうしますか？

☐ 大名に取り立てる

☐ 北条氏に降伏するよう説得させる

☐ 切腹させる

②伊達政宗を秀吉の前に呼び出します。どうやって呼びますか？

☐ 伊達政宗に聞こえるほどの大声で怒ってみせる

☐ 徳川家康を使者にして呼び出させる

☐ 軍を出して伊達政宗の陣屋を取り囲む

③北条氏の世継ぎ・北条氏直の助命願いが届きました。どうしますか？

☐ 寺に入ることを条件に許す

☐ 許さない

☐ 豊臣家の家臣にする

<最後の一歩>　ついに「天下人」になるときが来ました。これまでの結果を集計しましょう。

集まった腹心の人数　　　　　　　　　　　　　　　人　　　　集めた秀吉ポイント　　　　　　　　　　　　　　点

「天下人」になるために必要な条件は

腹心（　　　）名以上と、秀吉ポイント（　　　　）点以上　です。

結果・・身分は　　　　　　　　　　　　　　　　でした。

年　　　組　　　名前

感想、改良点、コメントを書いてください。

豊臣秀吉　歩みの記録

身　分

左から右へと出世していきます。出世したら身分を○で囲います。

浪人	足軽	侍大将	大名	後継者	天下人

秀吉ポイント

左上から○を書いていき、使ったら左上から×で消していきます。マイナスにはなりません。

腹　心

手に入れた腹心の名前を左上から書いていき、失ったら＝で消します。

特　技

手に入れた特技を左上から書いていきます。特技を失うことはありません。

人生の借り

左上から○を書いていき、精算したら左上から×で消していきます。

ザ・豊臣秀吉

「ザ・豊臣秀吉」は、秀吉の行動を選択することを繰り返しながら身分を上げていき、最終的には天下人にあることをめざすゲームシミュレーション教材である。

ザ・豊臣秀吉

戦乱の世に生まれた秀吉は、百姓の息子から身を起こし、ついには天下人となります。
それを支えたのは、秀吉の才能・度胸・運・・・誰もまねできないような秀吉の人生をたどりつつ、戦国時代を学びましょう。

スライド1

Guide

最初に秀吉の肖像画が提示され、次の音声が流れる。『戦乱の世に生まれた秀吉は、百姓の息子から身を起こしついには天下人となります。それを支えたのは、秀吉の才能・度胸・運・・・誰もまねできないような秀吉の人生をたどりつつ、どこまで秀吉に近づけるか戦国時代を学びましょう。

目的：秀吉ポイントを貯めながら身分を上げ、最終的に「天下人」になることです。

決まり：秀吉ポイントは歩みを進めるごとに少しずつ増えていきます。行動によって増えることもあります。逆に、減ることもあります。また、負担の大きな選択をするときに使ってしまうこともあります。大きな失敗をした場合や、身分の昇格が間に合わなかった場合は「人生の借り」が増えます。これは、途中で精算することができますが、残したままにすると最後の段階で秀吉ポイントを減らします。』

第1歩

日吉丸は、子供の頃から武士になりたいと願い、将来に役立てるべく特技を身につけます。
何を身につけますか？　2つを選んでください。
- □ 木登り　・・1秀　特技：木登り
- □ 大声　・・2秀　特技：大声
- □ 石投げ　・・×
- □ 走り　・・2秀　特技：疾走
- □ 穴掘り　・・1秀
- □ 相撲　・・特技：身のこなし

スライド2

農家の画像に続いて、次の音声が流れる。
『第1歩　尾張中村郷の農家の長男として生を受け、「日吉丸」と名付けられます。子供の頃から武士になりたいと願い、木刀を片手に将来に役立てるべく特技を身につけます。何を身につけますか？2つを選んでください。』

2つを選択し、□にチェックを入れさせる。

その後、各選択肢の結果を伝える。獲得した秀吉ポイントは「歩みの記録」の秀吉ポイント欄に〇を記入し、特技は「歩みの記録」の特技欄に記入する。石投げ、穴掘りは百姓の所業と捉えており、武士になりたかった秀吉は避けていたという。

第2歩

村を捨てて浪人となります。身分を「浪人」にしてください。旅の資金を手に入れるために何を行商しますか？　1つ選んでください。
- □ 縄はしご・・3秀　特技：器用な手先
- □ 針　・・6秀　特技：器用な手先
- □ 梅干し　・・×
- □ 桶　・・2秀
- □ 鎌　・・1秀

スライド3

行商人の画像に続いて、次の音声が流れる。『第2歩　村を捨てて浪人となります。仕えるべき主を捜すことと、見聞を広めることを目標に旅に出ます。資金を手に入れるために何を行商しますか？1つ選んでください。』

まず、「歩みの記録」の身分欄で浪人に〇をつけさせる。

1つ選択し、□にチェックを入れさせる。選択の仕方は、以後すべて同様におこなう。行商をするには、小さくて持ち運びしやすく一般家庭では作れないものが適していた。秀吉は、当初は縄はしごを、その後は針を作って行商していた。どちらかを選んだ場合、特技に「器用な手先」を追加記入させる。

第3歩

小城主・松下嘉兵衛に仕えることにしました。
身分を「足軽」にしてください。
このために5秀が必要です。
足りない場合は「人生の借り」が1つ増えます。

スライド4

次の音声が流れる。『第3歩　遠江（静岡県）の小城主・松下嘉兵衛に仕えることにしました。身分が「足軽」になります。このために5秀が必要です。足りない場合は「人生の借り」が1つ増えます。』

秀吉ポイントを消費する場合は、欄の左から × で消していく。不足の場合は「歩みの記録」の人生の借り欄に○をつける。そのうえ、身分の足軽に○をつける。

第4歩

藤吉郎を快く思わない足軽たちはある夜、集団で痛めつけようと取り囲みます。これを切り抜ける特技がない場合は「人生の借り」が1つ増えます。

必要な特技は・・・

身のこなしか疾走

スライド5

次の音声が流れる。『第4歩　よそ者でありながら松下嘉兵衛にかわいがられ、木下藤吉郎という名を与えられます。しかし、藤吉郎を快く思わない足軽たちはある夜、集団で痛めつけようと取り囲みます。これを切り抜ける特技がない場合は「人生の借り」が1つ増えます。』

必要な特技が提示される。ない場合は人生の借り欄に○をつける。

第4歩

松下嘉兵衛から10秀を受け取りました。
刀を探して来るよう命ぜられ、どうしますか？
1つ選んでください。
□　大金を使って　　　　・・−6秀
　　足軽たちを手なずける
□　大金を持って　　　　・・4秀
　　他国に逃げる　　　　　人生の借り1つ
□　全力を尽くして　　　・・−6秀
　　刀を手に入れる

スライド6

次の音声が流れる。『この様子を見た松下嘉兵衛は藤吉郎を呼び、大金（10秀）を渡してこう命じます。「お前は旅になれているから、最新の技術で作られた刀を探してきなさい。全国を歩いてでも私が満足するような刀を見つけ出してきなさい。」どうしますか？1つ選んでください。』

選択肢の後ろに（3秀）のように記してあるのは、実行するために必要な経費である。選択するためには、その分の秀吉ポイントを消さなくてはならない。以後、経費付きの選択肢は同じように扱っていく。松下嘉兵衛は秀吉がこの城ではやっていけないと判断し、他国へ移動する費用を与えたのだった。このため、秀吉は恩義を感じ、天下人になった後に松下嘉兵衛を探し出し、大名に取り立てている。スライドの指示通りに記録させる。

第5歩

「うつけもの」と呼ばれていた信長こそ仕えるべき君主であると実感した理由はどれでしょうか？
2つ選んでください。
□　馬が非常に上手　　　・・1秀
□　行く場所が毎日違う　・・7秀
□　馬を速く走らせる　　・・5秀
□　いつも汚い身なり　　・・2秀
□　おばさんに怒られる　・・×

スライド7

織田信長の肖像画に続いて、次の音声が流れる。『第5歩　故郷の尾張に戻ると領主の織田家では、当主信秀が没し信長が跡を継ぎました。「うつけもの」と呼ばれて毎日遊び歩いていた信長に藤吉郎は注目していましたが、この人物こそ仕えるべき君主であると実感した瞬間に嬉しくて涙を流したといいます。その理由はどれでしょうか？　2つ選んでください。』

信長は、来るべき戦に備えて、国内や周辺の地理を把握しようとしていた。速く走ることができるのは、地理を把握している表れでもある。

第6歩

織田信長に仕えるために、藤吉郎は目立つ工夫をします。どうしますか？1つを選んでください。
- □ 大声で泣いてみせる　・・特技：大声が必要
- □ 馬の横を走って行く　　・・特技：疾走が必要
- □ 猿のものまねをする　・・ ×

特技がないか×の場合は
「人生の借り」が1つ増えます。

スライド8

織田信長の石像に続いて、次の音声が流れる。『第 6 歩　織田信長に仕えるために、藤吉郎は目立つ工夫をします。どうしますか？ 1つを選んでください。』

必要な特技がないか×の場合は、人生の借りを1つ増やす。

第7歩

馬屋番の給金として、5秀が与えられました。良い仕事をして目立ちたかった藤吉郎、どうしますか？　いくつ選んでも構いません。
- □ 馬屋で寝泊まり・・7秀
- □ 仕事仲間を作る・・腹心：増田長盛
- □ 良いえさをやる ・・4秀
- □ 着替えをしない ・・5秀

スライド9

次の音声が流れる。『第 7 歩　最初に与えられた仕事は馬屋番でした。その給金として、5秀が与えられました。信長の目にとまるように、とにかく良い仕事をして目立ちたかった藤吉郎、どうしますか？　いくつ選んでも構いません。』

給金として秀吉ポイントを5つ増やす。選んだものすべての結果を受け取る。腹心を得た場合は、「歩みの記録」の腹心欄に記入する。

第8歩

草履取りの給金として、5秀が与えられました。寒い冬の夜・・・「1つ望みを言うがよい」と信長、何を望みますか？　1つ選んでください。
- □ 侍大将に　　・・人生の借り1つ
- □ 嫁を世話して ・・ ×
- □ あと半年させて・・6秀
- □ よい名前を　・・ ×
- □ 望みはない　・・ ×

スライド10

織田信長の銅像に続いて、次の音声が流れる。『第 8 歩　馬屋番の功績が認められ、信長の草履取りの仕事を与えられます。その給金として、5秀が与えられました。寒い冬の夜に藤吉郎から差し出された草履を履いた信長、草履が生暖かいために藤吉郎が草履に座っていたと思いげんこつを浴びせます。しかし、藤吉郎が着物の懐を見せるとそこには草履の土あとが・・・冷たくないように暖めていたというのです。「勘違いだ、許せ。1つ望みを言うがよい」と信長、何を望みますか？　1つ選んでください。』

まず給金として秀吉ポイントを5つ増やす。以後、給金についての指示が提示された場合、その分の秀吉ポイントを増やすようにしていく。

侍大将を望むのはさすがに図々しすぎた。あと半年させてほしいという言葉には、半年後には別のもっと上の仕事を与えてほしいという意味が含まれている。

第9歩

石垣修理の給金として、5秀が与えられました。
（特技：大声がない場合は2秀）
短期間での修理を約束した藤吉郎、どうしますか？　いくつ選んでも構いません。
- □ 大工をもてなす・・6秀
- □ 息子と親しくなる・・腹心：脇坂光治
- □ 給料を2倍払う・・12秀
- □ 自分も働く　・・4秀

スライド11

石垣の画像に続いて、次の音声が流れる。
『第 9 歩　城の石垣が何ヶ月も崩れたままになっているのを見て「危ない、危ない！」と大声で叫び、信長からその修理を命じられます。その給金として、5秀が与えられました。ただし、特技に大声がない場合の給金は2秀です。短期間での修理を約束した藤吉郎、どうしますか？　いくつ選んでも構いません。』

秀吉は修理に取り掛かることなく、毎日大工たちを集めて宴会を開いていた。はじめは喜んでいた大工たちも残りが10日を切ると、「できないとお前が罰を受けるのではないか。」と秀吉を心配し始めた。秀吉は、「どうせ初めから無理だ。自分は殺されるだろうから、最後にみんなとうまい酒が飲めれば良い。」と答えた。大工たちは、「それでは悪い。自分たちが何とかするから工事をやろう。」と言い出す。秀吉は感謝の涙を流し、倍の給金を約束する。こうして、あっという間に工事は完成したのである。

第10歩

誰と親しくなりますか？　何人選んでも構いません。

- □　脇坂尽右衛門　・・特技：建築
- □　蜂須賀小六　　・・腹心：蜂須賀小六
- □　勘太夫　　　　・・特技：情報、6秀
- □　木下定次　　　・・腹心：木下定次
- □　新開　　　　　・・×
- □　茂助　　　　　・・腹心：森尾矢吉
- □　前田又佐　　　・・×
- □　毛利新助　　　・・腹心：毛利新助

スライド12

足軽屋敷跡の画像に続いて、次の音声が流れる。『第10歩　足軽頭の娘　ねね　と結婚し、信長から小さな屋敷と5秀を与えられます。来るべき出世に備えて、多くの人物を屋敷に招待するなどして人脈を広げます。誰と親しくなりますか？　何人選んでも構いません。費用は1人につき3秀です。』

蜂須賀小六は、野武士の頭領で初期の秀吉にとって軍師のような存在となり、後に大名になった。前田又佐は後の前田利家であるが、このころは秀吉を格下としてまだ相手にすることはしなかった。毛利新助は、後に桶狭間で今川義元を討ち取ることになる。

第11歩

墨俣城を造るためにどんな手を打ちますか？いくつ選んでも構いません。

- □　成功したら侍大将に　・・身分：「侍大将」
- □　盗賊を暴れさせる　　・・蜂須賀がいれば6秀
- □　上流から流して運ぶ　・・脇坂がいれば8秀
- □　壁に厚紙を貼る　　　・・建築があれば12秀
- □　給料を2倍出す　　　・・×
- □　成功したら城主に　　・・人生の借り1つ

スライド13

墨俣城の画像に続いて、次の音声が流れる。『第11歩　信長は美濃攻めの足がかりとして木曽川を越えた敵領に、墨俣城を造ります。洪水と美濃斉藤家の反撃に遭い、誰がやってもうまくいかないところを藤吉郎が引き受けることになりました。どんな手を打ちますか？　いくつ選んでも構いません。』

秀吉は、美濃国内で盗賊を暴れさせた混乱を利用して、上流で骨組みを組み立てたものをいかだで運び、城壁に見えるよう紙を貼った。「墨俣一夜城」と言われ、完成した城と見なした斉藤家は、反撃を諦めざるを得なかった。この功によって秀吉は侍大将に昇進する。これを選んでいた場合は身分欄の侍大将に〇をつける。

第12歩

墨俣築城の給金として、10秀が与えられました。本格的な美濃攻めを前に、信長に提案をします。いくつ選んでも構いません。

- □　長槍の有効性　　・・4秀、腹心：丹羽長秀
- □　美濃の地形調査　・・森尾がいれば6秀
- □　家臣を寝返らせる・・情報があれば8秀
- □　軍師を招く　　　・・森尾がいれば
　　　　　　　　　　　　腹心：竹中半兵衛

スライド14

秀吉の銅像に続いて、次の音声が流れる。『第12歩　本格的な美濃攻めを前に、信長に提案をします。いくつ選んでも構いません。』

森尾矢吉は、美濃攻略で活躍したものの、その後記録に出てこない人物である。竹中半兵衛は後に黒田官兵衛と並び称される軍師である。

人生の分かれ道

人生の借りを精算することができます。その条件は・・・

- A　借り1つにつき、腹心1名と引き換え
- B　借り1つにつき、8秀と引き換え

スライド15

次の音声が流れる。『人生の分かれ道　人生の借りを精算することができます。その条件は、借り1つにつき、腹心1名と引き換えまたは、借り1つにつき、8秀と引き換えです。』

引き換えにしたものは記録欄で二重線を引いて消す。必ずしも清算しなくて良い。

第13歩

信長とともに京都に上り、5秀を与えられました。
人脈を広げます。誰と親しくなりますか？
何人選んでも構いません。

スライド16

次の音声が流れる。『第13歩　信長が京都に上り、勢力を強めます。ともに京都に出て5秀を与えられた藤吉郎は、人脈を広げます。誰と親しくなりますか？　何人選んでも構いません。費用は1人につき3秀です。』

第13歩

☐ 茶屋四郎次郎　‥特技：交渉
☐ 雪才　　　　　‥×
☐ 中川清秀　　　‥腹心：中川清秀
☐ 佐吉　　　　　‥？
☐ 利休　　　　　‥腹心：千利休、特技：茶の湯
☐ 加藤康二郎　　‥腹心：加藤嘉泰（よしやす）
☐ 納屋正安　　　‥特技：交渉
☐ 明智光秀　　　‥人生の借り1つ

スライド17

選択の結果を示していく。？の佐吉については、後のスライドで紹介する。

小坊主　佐吉

秀吉があるとき、馬で遠乗りに出かけました。
ある山寺で休息をとり、お寺の小坊主に、
お茶を持ってくるように言いつけました。

スライド18

小坊主　佐吉

秀吉が出されたお茶を飲むと、
それはぬるいお茶でした。
山奥の寺だから熱いお湯が
ないのだろうと思った秀吉は、
それでも一息で飲み干し、
もう一杯持ってくるように言いつけました。

スライド19

小坊主　佐吉

秀吉がおかわりを飲むと、
それは熱いお茶でした。
疑問に思った秀吉は
小坊主を呼んで尋ねました。
「どうして一杯目よりも
二杯目のお茶のほうが熱いのか」

スライド20

小坊主　佐吉

小坊主が答えました。
「お殿様はのどが渇いている様子でしたから、
一杯目は飲みやすいようにぬるくしました。
　二杯目はおいしいように熱くしました」
秀吉は大変喜び、
小坊主を連れて帰ると
大名にまでしました。

‥腹心：石田三成

スライド21

4枚のスライドに合わせて、次の音声が流れる。『小坊主　佐吉　秀吉があるとき、馬で遠乗りに出かけました。ある山寺で休息をとり、お寺の小坊主に、お茶を持ってくるように言いつけました。
秀吉が出されたお茶を飲むと、ぬるいお茶でした。山奥の寺だから熱いお湯がないのだろうと思った秀吉は、それでも一息で飲み干し、もう一杯持ってくるように言いつけました。
秀吉がおかわりを飲むと、それは熱いお茶でした。疑問に思った秀吉は小坊主を呼んで尋ねました。「どうして一杯目よりも二杯目のお茶のほうが熱いのか」小坊主が答えました。「お殿様はのどが渇いている様子でしたから、一杯目は飲みやすいようにぬるくしました。二杯目はおいしいように熱くしました」秀吉は大変喜び、小坊主を連れて帰ると大名にまでしました。これが、のちの石田三成です。』

有名な「三献茶」と言われる出来事である。佐吉の聡明さと秀吉の人物眼を物語るが、秀吉死後の混乱を招くことにもなる。

第14歩

殿軍を務めます。
ともをする腹心を4人選んでください。
進む道を選んで、〇をつけてください。

い　え　こ　す　そ
う　か　く　さ　
　　け　　　④討ち死
①討ち死　③討ち死　人生の借り1つ
②討ち死　人生の借り1つ

スライド 22

　姉川の画像に続いて、次の音声が流れる。『第14歩　信長は越前（福井県）の朝倉家を攻めますが、裏切りにあって失敗します。撤退する軍の最後をゆっくり進み、敵を食い止める役目を〈しんがり〉と言います。とても危険な役目ですが、生きて帰れたら大きな手柄となります。藤吉郎は信長の盟友・松平家康とともにこれを引き受けます。連れて行く腹心を4人選んでください。』

　腹心から4名を選び、①～④の欄に記入する。その後、次の音声が流れる。『次に進む道を選んでください。右に向かって進みますが、枝分かれの部分では、どの道を進むかを選びます。選んだ道には、〇をつけます。』

　選んだ道に〇をつける。その後、結果を示していくが、通り道に選んだところにスライドの × が当たった場合は追撃を受けることになる。その場合の指示に従い、討ち死にした場合は腹心欄に二重線を引いて消す。

第15歩

信長から長浜城と
5秀を与えられます。
名前を羽柴秀吉と
改めます。
昇格の条件は・・・
　特技が4つ以上あること
条件を満たしたら、身分を1つ上げてください。
満たせない場合は、人生の借り1つ

スライド 23

　次の音声が流れる。『第15歩　朝倉家・浅井家を滅ぼした信長から、長浜城と5秀を与えられ、条件を満たせば、大名に昇格します。信長から大名の条件として「才能と度胸と運の持ち主」であることを望まれます。名前を羽柴秀吉と改めます。昇格の条件は、特技が4つ以上あることです。条件を満たしたら、身分を1つ上げてください。満たせない場合は、人生の借りが1つ増えます。』

第16歩

多くの浪人を雇いました。（腹心：名束正家）
反乱の疑いをかけられた秀吉、どうしますか？
いくつ選んでも構いません。
☐ 茶人に弁解してもらう　　〇が選べなければ
☐ 全て追放する　　　　　　人生の借り1つ
　名束正家の追放）
☐ 明智光秀に弁解してもらう ・・人生の借り1つ
☐ 泣いているという噂
☐ 毎日宴会を開く　　　・・ 〇
☐ 一人で直接弁解する

スライド 24

　長浜城の画像に続いて、次の音声が流れる。『第16歩　城下町の整備を進めた秀吉ですが、戦争で役に立ちたい一心から兵力を増やそうとして信長に届けずに多くの浪人を雇ってしまいました。腹心に名束正家を加えます。このことが原因となって、反乱の疑いをかけられた秀吉、どうしますか？　いくつ選んでも構いません。』

　秀吉は、言い訳や工作をすることなく毎日宴会を開いて財を使い果たしてしまう。このことで謀反の意思がないことを示したのである。

第17歩

毛利家との戦い
立ちはだるのは、
　名城・高松城
　名将・清水宗治

秀吉は川をせき止め、城を水攻めにしました。
この最中に本能寺の変で信長が討たれたことを
知ります。

スライド 25

　次の音声が流れる。『第17歩　信長の信用を取り戻し、中国地方の毛利家との戦いを指揮していた秀吉。その前に立ちはだかったのは、名城・高松城に立てこもる名将・清水宗治でした。秀吉は半年以上かけて周囲の川をせき止め、城を水攻めにしました。この最中に本能寺の変で信長が討たれたことを知ります。』

Guide

第17歩

無償で撤退する代わりに清水宗治を切腹させる
ことを毛利家と約束し、
高松城に向かって将兵は
全員助命することを知らせ、
清水宗治は切腹します。
わずか半日での交渉でした。
この実現に必要な特技：
　建築　情報　交渉　大声
　　1つ足りないごとに－5秀
特技に交渉がある場合は、腹心：安国寺恵瓊

スライド 26

次の音声が流れる。『和睦を決めた秀吉は、毛利家の外交僧・安国寺恵瓊が、出世を望んでいることを知り、秀吉の元で大名に取り立てることを約束して和睦を実現します。

無償で撤退する代わりに清水宗治を切腹させることを毛利家と約束し、高松城に向かって将兵は全員助命することを大声で知らせ、清水宗治は切腹します。わずか半日での交渉でした。

この実現に必要な特技は建築・情報・交渉・大声です。1つ足りないごとにマイナス5秀です。特技に交渉がある場合は、腹心に安国寺恵瓊を加えます。』

人生の分かれ道

人生の借りを精算することができます。
その条件は・・・
　Ａ　借り1つにつき、腹心2名と引き換え
　Ｂ　借り1つにつき、10秀と引き換え

スライド 27

次の音声が流れる。『人生の分かれ道　人生の借りを精算することができます。その条件は、借り1つにつき、腹心2名と引き換え、または、10秀と引き換えです。』

前回と同様におこなう。必ずしも清算しなくても良い。

第18歩

大阪まで3日で駆け戻り、明智光秀を討ちます。
軍の人数と移動方法を設定します。
　軍の人数は費用1秀につき1000人です。何人
出発させるかを決めて下さい。
移動方法、いくつ選んでも構いません。
　□　大声で励ます
　□　10倍の給金
　□　握り飯を用意
　□　槍は捨てる

スライド 28

明智光秀の銅像に続いて、次の音声が流れる。『第18歩　備前（岡山県）から大阪まで3日で駆け戻り、明智光秀を討ちます。強行軍はおよそ半数が脱落すると予想されます。軍の人数と移動方法を設定します。軍の人数は、費用1秀につき1000人となります。移動方法を設定します。いくつ選んでも構いません。』
軍の人数、移動方法を決め、記入する。

第18歩

・・・山崎の戦い・・・
まず、次の数を足して下さい。
　　　基本数　　＋0.3
　□　大声で励ます　＋0.1（大声があれば0.2）
　□　10倍の給金　＋0.2
　□　握り飯を用意　＋0.1
　□　槍は捨てる　＋0.2
　選んだものの合計　Ａ

スライド 29

次の音声が流れる。『山崎の戦い　まず、次の数を足して下さい。』
移動方法で選択しているものに応じて、加算していく。

第18歩

・・・山崎の戦い・・・
秀吉軍
　　出発人数　×　Ａ　＝（　　　）人
この人数が明智軍より多ければ勝ちです。
勝った場合は、身分が1つ上がります。
負けた場合は、人生の借りが2つ増えます。
明智軍

10001人

スライド 30

次の音声が流れる。『選んだものの合計を、Ａとします。秀吉軍の人数は、出発人数に、Ａをかけたものです。』人数を記入する。

さらに音声が流れる。『この人数が明智軍より多ければ勝ちです。勝った場合は、身分が1つ上がります。負けた場合は、人生の借りが2つ増えます。明智軍の人数は、10001人です。』勝敗に応じて指示通りに処理する。

人生の
分かれ道

身分を「後継者」まで上げることができます。
その条件は・・・
　A　身分1つにつき、腹心2名と引き換え
　B　身分1つにつき、12秀と引き換え

スライド31

次の音声が流れる。『人生の分かれ道・・・身分を「後継者」まで上げることができます。その条件は・・・身分1つにつき、腹心2名と引き換え、または、12秀と引き換えです。』

前回と同様におこなう。必ずしも清算しなくても良い。

第19歩

信長の後継者　豊臣秀吉
　　　　　×
信長の遺子　信雄、信孝
　　　　　徳川家康

徳川家康との駆け引きを
行っていきます。
全ての問いに答えを1つ
選んでください。
① 小牧・長久手の戦い

スライド32

次の音声が流れる。『第19歩　信長の後継者となった秀吉、朝廷から関白に任命され、名を豊臣秀吉と改めます。秀吉の急出世を快く思わない大名や信長の遺子信雄・信孝は、徳川家康を頼りに秀吉に対抗する構えです。家康との駆け引きを行っていきます。全ての問いに1つ選んでください。』

1つずつを選んでチェックを入れていく。

1　家康が信雄・信孝に味方して秀吉と戦った小牧・長久手の戦いが長引いてしまいました。どうしますか？

2　家康の娘・千姫を秀吉の長男・秀頼の妻とすることを交渉していますが、家康がなかなか承諾しません。どうしますか？

3　家康の浜松城に立ち寄ったときに家康が上座を譲り、そこに秀吉が座ったところ、家康の家臣・本多作左右衛門が、秀吉に対して「礼儀知らずのならず者が！」と叫びました。怒りをあらわに「無礼者！下がれ！」と一喝すると、本多は家康に対しても「誇りを捨てたか、臆病者め！」と叫んで立ち去りました。このあとどうしますか？

4　京都で全国の大名たちが集まった中で秀吉は家康にある物を与えます。実は事前に家康を訪ねて頼み込み、大名たちの前では演技をして見せました。何を与えますか？

5　さらに家康との結びつきを強めるために血縁関係を結びます。どうしますか？

6　家康に対して下手に出るばかりではよくないことから、家康に圧力をかけようと思います。どうしますか？

7　家康に対して関東への国替えを交渉します。何をしながら行いますか？

8　自分が家康よりも早く死んでしまった場合に備えて対策を取ります。どうしますか？　1つ正解ごとに、4秀を加算します。

第19歩
① ☑ 手を引かせる
□ 信雄・信孝と和解
□ 朝廷の命令
② ☑ 姉と母を人質
□ 自ら岡崎城に行く
□ 身分を格上げ
③ □ 切腹を要求する
□ 責任を一切問わない
☑ すまなかったと頭を下げる

スライド33

第19歩
④ □ 信長からもらった刀
☑ 秀吉の陣羽織（軍服）
□ 関白の位
⑤ □ 側室の妹を家康の妻にする
☑ 秀吉の姉を家康の妻にする
□ 家康の妻の妹を秀吉の妻にする
⑥ □ 四男に切腹を命じる
☑ 家老を寝返らせる　・・・腹心：石川数正
□ 家老を暗殺する

スライド34

第19歩
⑦ □ 温泉に入りながら
□ 酒を飲みながら
☑ 立ち小便をしながら
⑧ ☑ 同格の大名を4人つくる
□ 家康に全てを任せる
□ 家康に誓詞を書かせる
1つ正解ごとに4秀

スライド35

問いの正解を確認していく。

1　家康とのみ和解し、信雄・信孝を孤立させて討ち取った。

2　秀吉の姉・朝日と母・大政所を岡崎上に入れた。家康はいつでも城ごと燃やせるように、薪を積んでいた

という。

3　本多作左右衛門は、秀吉に対して下手に出る家康に対して命がけで忠告しているのである。この忠臣に対して敬意を示したことで、家康家臣団の秀吉を見る目が大きく変わった。

4　軍服を与えるということは、もう戦の必要はないということを表し、家康が秀吉に盾突かないことを示した。

5　姉・朝日を離婚させ、家康の妻にした。代わりに姉の夫は昇進させた。

6　家康を支え続けてきた家老を引き抜いたことは、家康に大きな打撃を与えた。しかし、どうして寝返ったかは謎のままである。

7　後に「関東のつれしょん」という言葉のもととなったという。家康が関東への国替えを受け入れたことにより、中央の情勢は完全に秀吉の支配が強まった。

8　「五奉行・五大老」を任命し、家康もほかの大老4人と同格として、特権はないことを明確にした。

　1つ正解ごとに、4秀を加算する。

スライド36

　次の音声が流れる。『第20歩　徳川家康との折り合いを付ける一方で、天下統一を達成した後に備えての国づくりを進めていきます。どのような政策を行いますか？　いくつ選んでも構いません。』

第20歩	
□ 堺・博多の支配	‥8秀
□ 貿易を許可制	‥10秀
□ キリスト教を禁止	‥×
□ キリスト教徒弾圧	‥−6秀
□ 農地を測量	‥20秀
□ 大茶会を開く	‥×
□ 関白に任命	‥×
□ 朝鮮半島に出兵	‥−20秀
□ 武器を取り上げ	‥14秀
□ 出世できない	‥5秀

スライド37

　選択の結果を示していく。朱印状貿易・太閤検地・刀狩・兵農分離などの政策をとった。後の世には批判される政策もあった。

スライド38

　次の音声が流れる。『第21歩　いよいよ天下統一が目前となりました。最後まで抵抗するのは小田原城の北条氏です。「天下人」を意識して、各問いに1つずつ答えを選んでください。』1つ選んでチェックを入れていく。

1　北条方の、松田憲秀の裏切りによって、小田原城の支城・鉢形城を攻め落としました。松田をどうしますか？

2　陸奥の伊達政宗は、小田原の陣地に来ているものの病気を理由に陣屋に籠っています。従軍しない伊達政宗を秀吉の前に呼び出します。どうやって呼びますか？

3　落城目前の小田原城から、北条氏の世継・北条氏直の助命願いが届きました。どうしますか？

121

---

①□ 大名にする　‥－3秀
　□ 説得させる　‥1秀
　□ 切腹させる　‥3秀
②□ 大声で怒る　‥大声で6秀、なしは－2秀
　□ 家康を使者　‥－2秀
　□ 陣屋を取り囲む　‥－6秀
③□ 寺を条件に許す　‥－2秀
　□ 許さない　‥2秀
　□ 家臣にする　‥－6秀

スライド 39

　問いの結果を確認していく。それぞれ選んだものに応じて、指示に従う。

1　天下統一後、裏切りは決して許してはならない。その見せしめとした。

2　大声を聞かせて呼び出した。後に秀吉は「この大声がなかったら天下をつかむことができなかっただろう。」と言っている。

3　天下人に対抗することを許してはならない。助命は許さず、見せしめとした。

最後の一歩

ついに「天下人」になるときが来ました。これまでの結果を集計しましょう。
まず、人生の借りを精算します。その条件は、
　A　借り1つにつき、腹心2名と引き換え
　B　借り1つにつき、10秀と引き換え
次に、身分を「後継者」まで上げます。
身分を1つ上げるための条件は、
　A　身分1つにつき、腹心3人と引き換え
　B　身分1つにつき、15秀と引き換え

スライド 40

　次の音声が流れる。『最後の一歩 ついに「天下人」になるときが来ました。これまでの結果を集計しましょう。まず、人生の借りを精算します。その条件は、借り1つにつき、腹心2名と引き換え、または、10秀と引き換えです。精算できずに残ってしまった場合は、人生の借り1つにつき、身分を1つ下げます。』身分が下がった場合は、身分の右から×で消していく。

『次に、身分を「後継者」まで上げます。身分を1つ上げるための条件は、身分1つにつき、腹心3人と引き換え、または、15秀と引き換えです。』

　いったん×で消えている場合は、はっきりと○を書き足す。

最後の一歩

全ての集計が終わりました。
腹心の人数と秀吉ポイントを書いて下さい。

「天下人」になるために必要な条件は、
腹心（ 6 ）名以上と、
秀吉ポイント（ 30 ）点以上です。

スライド 41

　次の音声が流れる。『全ての集計が終わりました。腹心の人数と秀吉ポイントを書いて下さい。』結果を数値で記入する。『「天下人」になるために必要な条件は、腹心6名以上と秀吉ポイント30点以上です。』

　条件を満たした場合は、身分欄の「天下人」に○をつける。

ザ・豊臣秀吉

感想などを書いてください。

スライド 42

感想などを書くよう指示する。

「人たらし」と言われた秀吉の人材登用術、一方で天下人としての冷酷さが伝わると思われる。また、戦国時代の物の考え方や風潮を感じられると良い。

ザ・徳川家康

徳川家康は若い頃から苦労を重ね、その人間性を磨きました。また、家臣団に対して優しさと厳しさを持って関わり、強い結束力を持つ武士団を作り上げました。家康の人物像はいつも冷静に判断し、人気・信頼・威厳と支配者にとって必要な要素をすべてそろえていたようです。家康の人生をたどりながらどこまで家康に近づけるか、考えてみてください。

人気・・・家臣から好かれること
信頼・・・家臣から頼りにされること
威厳・・・家臣から尊敬されること
3つの要素をバランスよく高めていくことが目標です。

徳川家康・支配者の3要素

左上から順に○を書いていきます。減った場合は左上から × で消していきます。
マイナスになることはありません。

人気	
信頼	
威厳	

徳川家家臣団

徳川 信康	本多 作左右衛門 （さくざえもん）	本多 正信	本多 平八郎
本多 正純 （まさずみ）	東野 準史郎 （とうの）	榊原 吉信	大賀 弥四郎 （やしろう）
鳥居 忠広	石川 数正	奥平 美作 （みまさか）	服部 半蔵
大久保 彦左衛門 （ひこざえもん）	大久保 雅楽 （うた）	井伊 直政	田中 吉政

1　尾張で暮らすこととなりました。無法者・吉法師をどうしますか。

　　1つ選んでください。

　　☐ 義兄弟の約束をする　　　☐ 適当に相手しておく　　　☐ 無視しておく

2　1560年、今川義元から先陣を命じられました。どうしますか。1つ選んでください。

　　☐ 無条件で引き受ける

　　☐ 成功したら三河に帰らせてもらうことを条件に引き受ける

　　☐ 松平家に関係なく自分だけで引き受ける

　　☐ 病気を理由に断る

桶狭間で敵の中に取り残された状態になりました。どうしますか。1つ選んでください。

　　☐ 織田信長に会いに行く　　　☐ 今川軍の一員として義元の仇を討ちにいく

　　☐ 一気に逃げる

3　今川家から独立しました。織田信長が長男・信康に切腹を要求してきました。どうしますか。

　　☐ 切腹させる・・・徳川信康を家臣団一覧表から消してください。

　　☐ 断る

織田家から送られた錦鯉を食べてしまった本多作左右衛門をどうしますか。

　　☐ 切腹させる　・・・本多作左右衛門を家臣団一覧表から消してください。

　　☐ 謝りに行かせる

　　☐ 追放する　・・・本多作左右衛門を家臣団一覧表から消してください。

　　☐ 許す

領国内の一向一揆を指導していた本多正信をどうしますか。

　　☐ 打ち首にする・・・本多正信を家臣団一覧表から消してください。

　　☐ 追放する　　・・・本多正信を家臣団一覧表から消してください。

　　☐ 許す

　　☐ 重臣に取り立てる

家康の妻・鶴と武田家に内通しようとした大賀弥四郎をどうしますか。

　　☐ ノコギリ引きの刑（ノコギリで首を切る）にする

　　　　　　　　　　　　　　　　・・・大賀弥四郎を家臣団一覧表から消してください。

　　☐ 追放する　　・・・大賀弥四郎を家臣団一覧表から消してください。

　　☐ 許す

　　☐ 重臣に取り立てる

また、妻をどうしますか。

　　☐ 手討ち（自分自身の手で殺すこと）にする　　　☐ こっそり家来に殺させる

　　☐ 妻の実家である今川家に送り返す

4 1568年、朝倉攻めからの撤退で，殿軍に参加させる家来を2人選んでください。

☐ 本多平八郎 ☐ 石川数正 ☐ 井伊直政
☐ 田中吉政 ☐ 大久保彦左衛門

5 1572年、三方ヶ原の敗戦から退却の時にどの方法をとりますか。 3つを選んでください。

☐ 榊原吉信（さかきばらよしのぶ）に身代わりをさせ、時間を稼ぐ
☐ 自分の指揮していた本隊を見捨て、鳥居忠広（とりいただひろ）に指揮させる
☐ 鎧兜（よろいかぶと）を捨てて歩兵の中にまぎれこむ
☐ 直接浜松（はままつ）城に戻らず遠くを回って戻る
☐ 織田家を頼り尾張へ逃げる
☐ すぐに戻らず、夜になるのを待つ

6 松平家に落ち着いた状態がやってきました。家臣団の意見のうち、 4つを採用してください。

☐ 本多作左右衛門「駿河の今川家を今こそ滅ぼしてくれましょうぞ」
☐ 本多平八郎（ほんだへいはちろう）「鉄砲隊を組織しましょう」
☐ 石川数正（いしかわかずまさ）「織田家を見習って商人達を城下に集めましょう」
☐ 本多正純（ほんだまさずみ）「一向一揆の総大将・本願寺顕如（けんにょ）と手を結びましょう」
☐ 奥平美作（おくだいらみまさか）「私の本国は武田領になっています。武田氏と和解して下され」
☐ 井伊直政（いいなおまさ）「織田家との同盟の内容を主と従の関係から対等に近い関係に改善
　　　　　　できるように交渉しましょう」
☐ 田中吉政（たなかよしまさ）「織田家に独占されている堺の商人とのつながりを作り、鉄砲を手
　　　　　　に入れるための道を作りましょう」
☐ 大久保彦左衛門（おおくぼひこざえもん）「今の内に領国内の一向一揆を一掃しておきましょう」
☐ 大久保雅楽（おおくぼうた）「国の基本は農業です，農地の開墾に力を入れましょう」
☐ 服部半蔵（はっとりはんぞう）「伊賀忍者を家臣団に組み込みましょう」

7 安土を訪問した帰りに堺によることにしました。ともをさせる家臣を2人選んでください。

☐ 大久保彦左衛門 ☐ 本多正純 ☐ 大久保雅楽 ☐ 服部半蔵

1582年、本能寺の変からどの方法で領国に逃げますか。どれか1つを選んでください。

☐ 早馬で街道をとばして一気に逃げる①
☐ 山賊に襲われる危険があるが伊賀（いが）の
　山道を越えて逃げる②
☐ 遠回りになるが南紀（なんき）の細道を通って
　逃げる③
☐ 堺の商人を頼って大阪から船で逃げる④

8 1584年、小牧・長久手の戦，家康は全軍に命令しました。何を命じますか。

（空欄）

秀吉から家康に対する単独での和解の申し入れをどうしますか。1つ選んでください。

- ☐ あくまでも戦う
- ☐ 完全に手を引く
- ☐ 信雄・信孝兄弟に大久保雅楽と5千の兵をあずけて手を引く

9 1590年、関東地方への国替えをどうしますか。1つ選んでください。

- ☐ 承諾する
- ☐ 断る
- ☐ 左大臣の位をもらうことを条件に承諾する
- ☐ 堺の支配権をもらうことを条件に承諾する

10 1600年、関ヶ原の合戦に参軍できる武将の人数を確認します。

徳川家康
徳川家臣団　　（　　　　　　　）人
- ☐ 福島政則
- ☐ 黒田長政
- ☐ 加藤清正

＊これらの部隊を配置します。部隊数だけ数字に○をつけてください。

▲は山 ＝＝＝＝＝は街道、◇は敵陣を表しています。

石田
三成 ◇　　　大谷　長束
　　　　　　◇　　◇
　　　　　　　　　　1
　　　　　　　　　2
　　島 ◇
　　藤堂 ◇　3
　　島津 ◇　　4
　　増田 ◇　　5
　　　　　6
　　　　　7
小早川 ◇
▲
14

11　　　　　　12
8　9　10
13　15　16
　　17　18
　　◇　◇
▲　吉川　宇喜多

戦闘ポイント　［　　　　］点　　この戦いの勝敗を確認してください。　勝ち　　負け

11 1603年、征夷大将軍に任命されることとなり、江戸幕府を開きます。

江戸幕府・・・　　成立　不成立

年　　組　　名前
_____

感想など

感想など

ザ・徳川家康

戦国時代の学習では、織田信長と豊臣秀吉の人物像や功績について多く学ぶものの、徳川家康については関ケ原以降のことしか出てこない。江戸幕府の基礎を築いた人物が、どのような人生をたどって来たのかに触れることは大きな意味を持っている。同時に、人間臭さがよく表現できており、徳川家康が身近に感じられる教材となっている。

ザ・徳川家康

徳川家康は若い頃から苦労を重ね、その人間性を磨きました。

また、家臣団に対して優しさと厳しさを持って関わり、強い結束力を持つ武士団を作り上げました。

家康の人物像はいつも冷静に判断し、人気・信頼・威厳と支配者にとって必要な要素をすべてそろえていたようです。

家康の人生をたどりながらどこまで家康に近づけるか、考えてみてください。

Guide

徳川家康は若い頃から苦労を重ね、その人間性を磨いた。家康の人物像はいつも冷静に判断し、人気・信頼・威厳と支配者にとって必要な要素をすべてそろえていた。家康の人生をたどりながらどこまで家康に近づけるか、考えていく。

ザ・徳川家康

人気・・・家臣から好かれること
信頼・・・家臣から頼りにされること
威厳・・・家臣から尊敬されること
これら3つの要素をバランスよく高めていくことが目標です。
最初に、3要素のどれにいくつでも良いので、〇を10個書いてください。
⊗⊗〇〇・・・・
増えたら書き足し、減ったら消していきます。

支配者の3要素は次のように設定した。

人気・・・家臣から好かれること

信頼・・・家臣から頼りにされること

威厳・・・家臣から尊敬されること

目標は3つの要素をバランスよく高めていくことである。最初に記入方法を確認することも兼ねて、3要素の〇を10個書く。記録表の左上から順に〇を書いていき、減った場合は左上から × で消していく。3要素がマイナスになることはない。

ザ・徳川家康・・・①

1542年、松平家の長男として生まれ、竹千代と名付けられました。織田信秀の手によって連れ去られ尾張で暮らすこととなりました。

このときに吉法師という少年と仲良くなりました。どうしますか。どれか1つを選んでください。

□ 義兄弟　人＋2　信＊＊　威－1
□ 適当　　人＊＊　信－1　威＊＊
□ 無視　　人＊＊　信＊＊　威＋1

①家康は三河の小大名・松平家の長男として生まれ、竹千代と名付けられた。松平家は駿河の今川義元の支配下にあり、家康は6歳の時に人質として駿河に送られることとなった。その途中、尾張の織田信秀の手によって連れ去られ尾張で暮らすこととなった。このときに吉法師という少年と仲良くなり、この少年も竹千代に興味を持って近づいてきたが近所でも有名な無法者だった。どうするか1つを選び、□にチェックを入れる。その後、選択による結果を提示する。

□ 義兄弟の約束をする → 人望があることから人気が＋2だが、無法者と関わるため威厳は－1

□ 適当に相手しておく → 表裏があることになり信頼が－1

□ 無視しておく → 大名の後継ぎとして無法者は相手にしないことから威厳が＋1

この結果を、自分の選択に応じて集計表に反映させる。

ザ・徳川家康・・・②

今川家に移され、元服の儀式があり名を
松平元康と改めました。

1560年、今川義元が京都への進軍を開始
すると元康と松平家が先陣を命じられました。
どうしますか。どれか1つを選んでください。

- □ 無条件　　　人＋1　信＋1　威＊＊
- □ 三河を条件　人＋1　信＋1　威＊＊
- □ 自分だけで　人＋2　信＊＊　威＊＊
- □ 病気で断る　人＊＊　信＊＊　威－1

②織田家と今川家で人質交換があり、竹千代は今川家に行った。ここで元服（成人）の儀式があり名を松平元康と改めた。このとき今川義元は14歳の元康と22歳の鶴姫を結婚させた。1560年、今川義元が京都への進軍を開始すると元康と松平家が先陣を命じられた。先陣は名誉なことではあるが織田家から攻撃される危険がある割に松平家にとっては利益の少ない役割である。どうするか1つを選ぶ。その後、結果を提示する。

□ 無条件で引き受ける → 実際にはこの選択肢しかなく潔さに人気と信用が＋1

□ 成功したら三河に帰らせてもらうことを条件に引き受ける

　　→ 交渉事はみっともないとされていたが家臣団の悲願であることから人気と信用が＋1

□ 松平家に関係なく自分だけで引き受ける → 自己犠牲精神に人気が＋2

□ 病気を理由に断る → 偽りを言うこととなり威厳が－1

ザ・徳川家康・・・②

桶狭間で今川義元が討ち取られ、敵の中
に取り残されました。どうしますか。どれか1
つを選んでください。

- □ 信長に会う　人＊＊　信＊＊　威－2
- □ 仇を討つ　　人＋1　信－1　威＊＊
- □ 逃げる　　　人＋1　信＋2　威＊＊

　②の続きで、桶狭間で今川義元が討ち取られたとき、元康はそれよりもはるか先を進んでいて敵の中に取り残された状態になった。どうするか1つを選ぶ。

□ 織田信長に会いに行く → 義兄弟といえども直前まで敵対していたことから節操なく威厳が－2

□ 今川軍の一員として義元の仇を討ちにいく → 忠誠は見事だが無謀で人気が＋1で信用が－1

□ 一気に逃げる → 戦う意味がないことをいち早く判断したため人気が＋1信用が＋2

　このとき、信長家臣の平手政秀が家康を討つように進言している。信長が「捨てておけ」とこたえると、政秀は「情けに流されるのは甘い。家康は危険な存在になる」と迫った。「ならば行ってみるがよい」と言われて政秀が家康の陣地を攻めてみたが、すでに引き上げた後だったという。

ザ・徳川家康 ・・・③

今川家から独立した元康は名を家康と改め、
国造りを始めました。

1562年、織田家と清州同盟を結びました。
いろいろなことが起こっていきます。

全てについて、どれか1つを選んでください。

③今川家から独立した元康は名を家康と改め、国造りを始めた。1562年、家康は織田家と清州同盟を結び、武田家を警戒することになった。この後、いろいろなことが起き、それぞれについて1つを選んでいく。全ての選択が終わってから結果を提示する。

　清州同盟は織田家が主、松平家が従という形になっていた。織田信長の娘を家康の長男・信康が妻にしていたが、この夫婦がうまくいかず織田信長は怒って信康に言いがかりをつけ、ついには信康の切腹を要求してきた。どうするか1つを選ぶ。

　この後、家臣団一覧表から消すという指示が出るようになるが、その場合はワークシートの家臣団一覧表にある家臣の名前を×で消す。一度消した家臣は復活することはなく、家臣に命令を出す場面では、家臣団にいなくなった家臣には命令を出せなくなる。

　ある時、織田家から送られた錦鯉を世話係の失敗で死なせてしまったことがあった。世話係・東野準史郎は信長の城まで謝りにいき、その場で切腹した。東野準史郎を家臣団一覧表から消す。これを聞いた信長は上機

で新しい錦鯉を家康に贈った。ところが、重臣（身分の高い家臣）の本多作左右衛門がこの鯉を酒のつまみにと焼いて食べてしまった。どうするか1つを選ぶ。

　ある時、領国内の一向一揆を平定してみるとその指導者は家来の本多正信だった。普段は物静かで全く目立たない存在であり、なにくわぬ顔で今まで接していた正信が一揆を指導していたことに家康は驚いた。どうするか1つを選ぶ。

　ある時、家康の妻・鶴がきわめて有能な家来である大賀弥四郎と共謀して武田家に内通しよう（裏切って敵に味方すること）としているのが発覚した。どうするか1つを選ぶ。

　また、妻をどうするか1つを選ぶ。

ザ・徳川家康・・・③		
徳川信康	□切腹	人−1 信＋1 威＋1
	□断る	人＋1 信＊＊ 威−3
本多作左右衛門	□切腹	人−3 信＊＊ 威＋1
	□謝り	人−3 信＊＊ 威−1
	□追放	人−1 信＋1 威＋1
本多正信	□許す	人＋2 信＋1 威＊＊
	□打ち首	人−1 信＊＊ 威＋1
	□追放	人−1 信＊＊ 威＊＊
	□許す	人＋1 信＊＊ 威−1
	□重臣	人＋1 信＊＊ 威＋1

ザ・徳川家康・・・③		
徳川信康	□切腹	人−1 信＋1 威＋1
	□断る	人＋1 信＊＊ 威−3
本多作左右衛門	□切腹	人−3 信＊＊ 威＋1
本多作左右衛門は切腹し、家臣団から消します。		
	□追放	人−1 信＋1 威＋1
本多正信	□許す	人＋2 信＋1 威＊＊
	□打ち首	人−1 信＊＊ 威＋1
	□追放	人−1 信＊＊ 威＊＊
	□許す	人＋1 信＊＊ 威−1
	□重臣	人＋1 信＊＊ 威＋1

　選択の結果をまとめて提示する。

徳川信康を逃そうとしてしばらく離れた城に置いていたが、信康は逃げることを拒んで自ら切腹した。

□ 切腹させる → 徳川信康を家臣団一覧表から消す。織田家と争うわけにはいかないものの息子を見殺しにしたため人気が−1だが信用と威厳は＋1

□ 断る → 情はわかるが無謀で人気 ＋1威厳 −3　本多作左右衛門は東野準史郎を謝りに行かせたことを怒っていた。準史郎の切腹は分かっていたことであり、錦鯉と家臣のどちらが大切かを家康に訴えたのである。

□ 切腹させる → 本多作左右衛門を家臣団一覧表から消す。無礼は許さないものの家臣を大切にできず人気 −3威厳 ＋1

□ 謝りに行かせる → 謝りに行ったら作左右衛門は準史郎と同じ行動をとることが考えられるため
　　　　　　　　　人気 −3威厳 −1　本多作左右衛門を家臣団一覧表から消す。

□ 追放する → 本多作左右衛門を家臣団一覧表から消す。作左右衛門を失うため人気 −1

□ 許す → 作左右衛門の意図を理解した家康は「すまなかった」と詫びたという。人気 ＋2信用 ＋1

本多正信の裏切りに全く気付かなかったことに家康は驚いた。人を見る目がある自分をもだまし通した正信を外交交渉に用いようと考えた。

□ 打ち首にする → 本多正信を家臣団一覧表から消す。厳格だが家臣を失うので人気 −1威厳 ＋1

□ 追放する → 本多正信を家臣団一覧表から消す。厄介払いと受け取られるため人気 −1

□ 許す → 正信を登用することはできるが一揆の被害も出ていたことから人気 ＋1威厳 −1

□ 重臣に取り立てる → 家臣団に正信の有用性を説いて人気と威厳が ＋1

ザ・徳川家康・・・③

大賀	□ ノコギリ	人＊＊	信＋1	威＋3
弥四郎	□ 追放	人＊＊	信＋1	威＊＊
	□ 許す	人−2	信−1	威−1
	□ 重臣	人−1	信−3	威＊＊
妻	□ 手討ち	人−1	信＋2	威＊＊
	□ 家来に	人＊＊	信＋1	威＋1
	□ 送り返す	人＊＊	信＊＊	威−2

選択の結果を提示する後半部分である。

大賀弥四郎のように他国に内通することがこの時代では最大の犯罪だった。

□ ノコギリ引きの刑にする → 大賀弥四郎を家臣団一覧表から消す。最大の犯罪に極刑で厳格に対処して信用 +1 威厳 +3

□ 追放する → 大賀弥四郎を家臣団一覧表から消す。穏便な解決策で信用 +1

□ 許す → これをすると今後すべての家臣に裏切りの可能性が出てしまい人気 −2信用と威厳 −1

□ 重臣に取り立てる → 裏切るものに力を与える結果となり人気 −1信用 −3

妻の対処に家康は苦心したようである。家臣の力を借りたか家臣が意をくんだようである。

□ 手討ちにする → 本来こうするべきだが家康にはできなかったらしく人気 −1信用 +2

□ こっそり家来に殺させる → ずるいやりかただが家臣に支えられて信用と威厳が +1

□ 妻の実家である今川家に送り返す → 問題を抱えたまま返すことは問題を押し付けることとなり威厳 −2

ザ・徳川家康・・・④

1568年、朝倉攻めに参加し、殿軍をかってでました。参加させる家来を2人選んでください。

＊＊＊＊＊＊＊＊＊生還	□ 本多平八郎
＊＊＊＊＊＊＊＊＊討死	□ 石川数正
＊＊＊＊＊＊＊＊＊生還	□ 井伊直政
＊＊＊＊＊＊＊＊＊討死	□ 田中吉政
＊＊＊＊＊＊＊＊＊生還	□ 大久保彦左衛門

④1568年、家康は信長の朝倉攻めに参加した。しかし、浅井家の裏切りにより織田・徳川軍は総撤退を余儀なくされる。この時、家康は羽柴秀吉とともに殿を引き受けた。殿とは撤退する軍の最後をわざとゆっくり進み味方を逃がす役目である。かなりの確率で討ち取られてしまうものの、生き残れば大きな手柄となる。

供をさせる家臣を2人選ぶ。選んだ後に結果を提示していく。石川数正と田中吉政は選んでいた場合討ち取られ、家臣団一覧表から消す。

ザ・徳川家康・・・⑤

1572年、武田信玄を三方ヶ原で迎え撃ちますが、退却します。どの方法をとりますか。次の中から3つを選んでください。

失敗の場合、3要素すべてが−2となります。

□ 身代わり	人−1	信＊＊	威＋1
□ 本隊捨て	人−1	信＊＊	威＋1
□ 鎧兜捨て	人＊＊	信＋1	威＊＊
□ 遠回り	人＊＊	信＋1	威＋1
□ 尾張へ	人−2	信−1	威−1
□ 夜を待つ	人＊＊	信＋1	威＋1

⑤1572年、戦国時代最強と言われた武田信玄が京都をめざし騎馬軍団を率いて、三河に侵入してきた。家康は、三方ヶ原でこれを迎え撃つが全く歯が立たず、圧倒的にうち負かされた。家康を討ち取ろうと迫る武田軍団、退却の時にどの方法をとるか3つを選ぶ。進行上，退却に失敗した場合は3要素すべてが−2となる。まず、選択に応じた結果を提示する。

□ 榊原康邦に身代わりをさせ，時間を稼ぐ → 家臣の犠牲によって逃げられ人気 −1威厳 +1

□ 自分の指揮していた本隊を見捨て、三浦国元に指揮させる

→ 同じく家臣の犠牲によって逃げられ人気 −1威厳 +1

□ 鎧兜を捨てて歩兵の中にまぎれこむ → 発見は時間の問題だが犠牲はなく信用 +1

□ 直接浜松城に戻らず遠くを回って戻る → 最短の道を封鎖に来る武田軍をかわし信用と威厳が +1

□ 織田家を頼り尾張へ逃げる → 自国を捨てることだけは大名としてやってはならず人気 −2信用と威厳 −1

□ すぐに戻らず、夜になるのを待つ → 焦らず暗くなって帰還し信用と威厳 +1

続いて退却成功の条件を提示する。条件は2つあり

①戦場から逃れるために「身代わり」か「本隊捨て」のどちらか最低1つを選ぶ。②浜松城に帰還するために「遠回り」か「夜を待つ」のどちらか最低1つを選ぶ。

この両方を満たした場合に退却は成功するが、失敗した場合は3要素すべてを−2とする。

---

⑥武田信玄が病気で急死し，織田信長が京都に上ると松平家に落ち着いた状態がやってきた。家臣団が述べた意見のうち採用するものを4つ選ぶ。家臣団にいない人物の意見は採用できないことを確認する。

ザ・徳川家康・・・⑥

武田信玄が病気で急死し、織田信長が京都に上ると松平家に落ち着いた状態がやってきました。家臣団が意見を言っています。
このうち4つを採用して下さい。

ザ・徳川家康・・・⑥

☐	本多作左右衛門	人＋2	信＋1	威＋1
☐	本多平八郎	人＊＊	信＋1	威＊＊
☐	石川数正	人＊＊	信＋1	威＋1
☐	本多正純	人＊＊	信＊＊	威＋2
☐	奥平美作	人＋1	信＊＊	威−1
☐	井伊直政	人＊＊	信＊＊	威−1
☐	田中吉政	人＊＊	信＊＊	威−1
☐	大久保彦左衛門	人＊＊	信＋1	威＋1
☐	大久保雅楽	人＋1	信＋1	威＊＊
☐	服部半蔵	人＊＊	信＋1	威＋2

選んだものに対する結果を提示する。

☐ 本多作左右衛門「駿河の今川家を今こそ滅ぼしてくれましょうぞ」

　→ 積年の恨みを晴らして領土拡大し人気＋2信用と威厳＋1

☐ 本多平八郎「鉄砲隊を組織しましょう」→ 先を見越してはいたが実現できず信用＋1

☐ 石川数正「織田家を見習って商人達を城下に集めましょう」

　→ 織田家の楽市であり家康も実施して信用と威厳＋1

☐ 本多正純「一向一揆の総大将・本願寺顕如と手を結びましょう」

　→ 対立した信長とは異なるかかわりが後に効果出て威厳＋2

☐ 奥平美作「私の本国は武田領になっています。武田氏と和解して下され」

　→ 家臣を大切にしたが戦略としては無理があり人気＋1威厳−1　これを採用しなかった場合、奥平美作は武田家に帰順するので家臣団一覧表から消す。

☐ 井伊直政「織田家との同盟の内容を主と従の関係から対等に近い関係に改善できるように交渉しましょう」

　→ 当時交渉事はみっともないとされ威厳−1

☐ 田中吉政「織田家に独占されている堺の商人とのつながりを作り、鉄砲を手に入れるための道を作りましょう」

　→ 鉄砲は貴重だが織田家と対立するので威厳−1

☐ 大久保彦左衛門「今の内に領国内の一向一揆を一掃しておきましょう」

　→ この時期に一掃に成功し信頼と威厳＋1

☐ 大久保雅楽「国の基本は農業です，農地の開墾に力を入れましょう」

　→ 農業を基本にした政策が後の幕府の基盤となり人気と信頼＋1

☐ 服部半蔵「伊賀忍者を家臣団に組み込みましょう」

　→ その後あらゆる場面で家康を助けることとなり信頼＋1威厳＋2

ザ・徳川家康・・・⑦

織田信長に招かれて安土を訪問した帰りに
堺によることにしました。
ともをさせる家臣を2人選んでください。
□ 大久保彦左衛門　□ 本多正純
□ 大久保雅楽　□ 服部半蔵

⑦朝倉攻めや武田家との戦いで信長の信用を得た家康は東方への領地拡大を許されて旧今川領を支配するようになった。ある時、織田信長に招かれて安土を訪問した帰りに堺によることにした。供をさせる家臣を2人選ぶ。

ザ・徳川家康・・・⑦

1582年、本能寺の変。
どの方法で領国に逃げますか。どれか1つを選ん
でください。失敗すると3要素すべてが−2にな
ります。
□ 街道疾走①
□ 伊賀越え②
□ 南紀回り③
□ 大阪から船④

家康が堺にいたときに本能寺の変が起こった。明智光秀は信長の同盟者・家康も同時に討ち取ろうと兵を堺にも向けた。どの方法で領国に逃げるか1つを選ぶ。進行上、失敗すると3要素すべてが−2になる。

ザ・徳川家康・・・⑦

領国帰還の条件
通る道は・・・
② 伊賀越え

さらに、ともの家来に次の人物がいること
服部半蔵

失敗の場合は3要素すべてが−2になります。

領国帰還の条件を提示する。条件1は通る道が②の伊賀越えであること。①の街道は向かってくる明智軍がと遭遇し、③の南紀の細道は時間がかかりすぎて本国を攻められ、④の船は堺がすでに明智軍の支配下にあった。逃れる可能性があるのは②の伊賀越えのみ。

条件2は供の家来が服部半蔵であること。途中の伊賀は伊賀忍者の里であり、服部家は伊賀の名族であった。その縁を使って危険な伊賀越えを先導し、無事に帰還させた。「神君伊賀越え」と言われる。2つの条件を満たせない場合、3要素全てを−2とする。

ザ・徳川家康・・・⑧

1584年、秀吉は犬山城に家康は小牧山城
に陣取ったままにらみ合いが続いていました。
小牧・長久手の戦です。
家康側は兵力が不利なため戦うことをさけて
いましたが、秀吉側も大規模な戦いは望んで
いませんでした。

⑧信長亡き後その勢力を引き継いだのは、中国大返しに成功して明智光秀を破った豊臣秀吉だった。信長の次男・信雄と三男・信孝は家康を頼って秀吉に対抗した。秀吉の圧倒的な勢力に誰もが従っていたが大名たちの期待は家康にも集まっていた。しかし、信雄・信孝兄弟の信用が薄いために家康側につく者はなかった。秀吉は犬山城に、家康は小牧山城に陣取ったままにらみ合いが続いていた。家康側は兵力が不利なために城外で戦うことをさけていたが、秀吉側も大規模な戦いは望んでいなかった。

ザ・徳川家康・・・⑧

秀吉軍の小部隊が小牧山とは全く別の方向へ進軍を開始したとの報告が入りました。
その対応に困っていると、前田利家から一本の折れた矢の先にみかんが刺さったものが届けられました。
これを見た家康は全軍に命令しました。何を命じますか。

ある時、秀吉軍の小規模な部隊が小牧山とは全く別の方向へ進軍を開始したとの報告が入った。その対応に困っていると、秀吉側にありながらも中立の立場をとる前田利家から一本の折れた矢の先にみかんが刺さったものが届けられた。これを見た家康は全軍に命令した。何を命じるかをワークシートに記入する。進行上、この判断に失敗した場合は3要素すべてが－2となることを確認する。

ザ・徳川家康 ・・・⑧

前田利家は、その部隊が三河に行くと伝えたのです。
これを見た家康の命令は、
　領国を守れ！
または、
　その部隊を待ち伏せしろ！
この判断に失敗した場合は3要素すべてが－2となります。

正解を提示する。別部隊は迂回して三河を攻撃するためのものだった。家康は城を出てその部隊の進路に先回りし、これを壊滅させることに成功した。正解の範囲は三河を守ることかその部隊を攻撃すること。正解に至らなかった場合は3要素すべてが－2となる。

ザ・徳川家康・・・⑧

秀吉から家康に対して単独で和解の申し入れがありました。家康の責任を問わずに手を引かせて、信雄・信孝を討ち取ろうというのです。どうしますか。どれか1つを選んでください。
- □ あくまでも戦う　　人－1 信－2 威＊＊
- □ 完全に手を引く　　人－1 信＋2 威＊＊
- □ 大久保雅楽と　　　人＊＊ 信＋2 威＋2
兵をあずけて手を引く

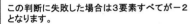
大久保雅楽は討死し、家臣団から消します。

その後、秀吉から家康に対して単独で和解の申し入れがあった。家康の責任を問わずに手を引かせて、信雄・信孝を討ち取ろうという考えと思われる。どうするか1つを選ぶ。選んだ後で、選んだものに対する結果を提示する。

□ あくまでも戦う → 不利な戦いの引き際を見失い人気 －1信頼 －2

□ 完全に手を引く → 戦いを切り上げられるが信雄・信孝を見捨てたことになり人気 －1信頼 ＋2

□ 信雄・信孝兄弟に大久保雅楽と5千の兵を預けて手を引く

　→ 家臣を残して義理立て信用と威厳 ＋2　　しかし雅樂は討死し家臣団一覧表から消す。

ザ・徳川家康・・・⑨

1590年、秀吉は全国を統一しました。
この時に秀吉は、家康の領地を三河から関東地方一帯に移したいと相談を持ちかけました。どうしますか。どれか1つを選んでください。
- □ 承諾　　人＊＊ 信＋1 威＋3
- □ 断る　　人＊＊ 信－1 威＋1
- □ 左大臣　人－1 信＊＊ 威＋1
- □ 堺支配　人－1 信＊＊ 威＊＊

⑨秀吉は小田原の北条氏を滅ぼして全国を統一した。この小田原攻めの時に秀吉は家康を誘って丘に登り立ち小便をしながら家康の領地を三河から関東地方一帯に移したいと相談を持ちかけた。このことから「関東のつれしょん」という言葉ができたとか。領地は広がるものの、国造りを一からやり直すということは京都を中心とする権力から遠ざかってしまうことになる。どうするか1つを選ぶ。
その後に、選んだものに対する結果を提示する。

□ 承諾する → 家康は小便が終わらぬうちに無条件で承諾したという潔さに信頼 ＋1威厳 ＋3

□ 断る → また対立する無謀に信頼 －1威厳 ＋1

□ 左大臣の位をもらうことを条件に承諾する → 交渉事はみっともないとされ人気 －1威厳 ＋1

□ 堺の支配権をもらうことを条件に承諾する → 交渉事はみっともないとされ人気 －1

ザ・徳川家康・・・⑩

1600年、天下分け目の、関ヶ原。
勝った場合は3要素すべてが＋4、
敗れた場合は3要素すべてが－3になります。
この戦いに参軍できる武将の人数を確認します。
残っている家臣団の人数を書いてください。

⑩秀吉が没した後、豊臣家の跡を秀頼が継いだもののその実権は母・淀君と石田三成が握っていた。この豊臣側が西軍、家康が東軍となって天下分け目の合戦が行われた。1600年、関ヶ原の合戦。この戦いでは豊臣側の大名でありながら石田三成に反発した福島政則・黒田長政・加藤清正たちが東軍に参加する動きを見せていた。進行上、勝った場合は3要素すべてが＋4、敗れた場合は3要素すべてが－3になることを確認する。

この戦いに参軍できる武将の人数を確認する。徳川家康本人で1人、残っている家臣の人数を書く。

ザ・徳川家康・・・⑩

- □ 福島政則 ①で義兄弟になっていれば参軍
- □ 黒田長政 ⑧で大久保を預けていれば参軍
- □ 加藤清正 ⑨で無条件承諾ならば参軍

参軍人数を確定します。
徳川家康（1）＋家臣人数＋参軍大名人数
この人数分だけ、地図上の数字に○をつけ、部隊を配置してください。

豊臣方大名が味方に付くかを確認する。福島政則は、①で信長と義兄弟になっていたら参軍する。黒田長政は、⑧で大久保雅樂を信雄・信孝に預けていたら参軍する。加藤清正は、⑨で無条件に承諾していたら参軍する。

参軍人数を確定させる。

徳川家康（1）＋家臣人数＋参軍大名人数

この人数分だけ，ワークシートの地図上の数字に○をつけ，部隊を配置する。

ザ・徳川家康・・・⑩

戦闘ポイントを計算します。配置した各部隊の点数を記録してください。

① 3点	⑦ 8点	⑬ 2点
② 3点	⑧ 5点	⑭ 2点
③ 3点	⑨ 4点	⑮ 0点
④ 3点	⑩ 4点	⑯ 0点
⑤ 3点	⑪ 1点	⑰ 0点
⑥ 3点	⑫ 1点	⑱ 0点

関ヶ原の合戦での戦闘ポイントを示し地図上に書きとる。このとき、合戦の様子に触れながら進める。

1～6　実際には島・藤堂部隊との衝突から開戦した。最前線の部隊で3点

7　裏切りを約束していたがなかなか動かない小早川部隊に対し鉄砲を撃ちかけて行動を起こさせた。この戦いの転機となった部隊で8点

8　家康は軍の中央に本陣を置いた。すべてに指示できることで5点

9・10　家康の背後を固め敵の攻撃を防いだ。柔軟に動ける部隊で4点

11・12　背後の山に陣取った。実際には行動を起こせず1点

13・14　脇街道を固めた。敗走する敵と戦ったが2点

15〜18　戦闘には参加しないことを約束した吉川・宇喜多部隊に対して、家康は備えの部隊を置かないことで信用を示した。0点

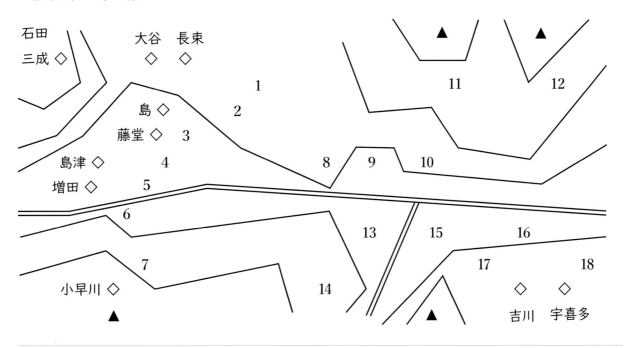

ザ・徳川家康・・・⑩

　配置した全ての部隊の戦闘ポイントを合計して書いてください。
　関ヶ原の合戦に勝利するために必要な戦闘ポイントは（ 31 ）点以上です。

　勝った場合は3要素すべてが＋4、
敗れた場合は3要素すべてが－3になります。

　書きとった戦闘ポイントの合計を書く。その後に勝利条件を示す。合計が31点以上あれば勝ちとなる。勝った場合は3要素すべてが＋4、敗れた場合は3要素すべてが－3になる。

ザ・徳川家康・・・⑪

　1603年、征夷大将軍に任命されることとなり、江戸幕府を開きます。

ザ・徳川家康・・・⑪

　江戸幕府成立の条件は、3要素のうち、最も低いものが（ 6 ）以上であることです。

ザ・徳川家康

感想などを書いてください。

⑪1603年、征夷大将軍に任命されることとなり、江戸幕府を開く。征夷大将軍任命の条件は、3要素のうち最も低いものが6以上あること。最初に掲げた目標は3つの要素をバランスよく高めていくことであり、家康は長い間の苦労によって人格を磨き上げていったのであった。

ザ・東海道五十三次

東海道五十三次をすごろく風に旅をしていきます。
得点は「見物ポイント」と「旅ポイント」の合計点になっています。

＊見物ポイントのコースを決めます。

★お寺参りコース　　●名所巡りコース　　▼名物食べ物コース　　◆名産おみやげコース

＊旅ポイント（到着時の点）　　　　　　　＊合計ポイント（２つの合計）

＊おみくじサイコロの数字を決定します。

・１番から25番までに　①〜⑥の数字を当てはめます。

・サイコロで出た分だけ先に進めます。

・①〜⑥は必ず３つずつはあるように決めて下さい。

１番	２番	３番	４番	５番
６番	７番	８番	９番	10番
11番	12番	13番	14番	15番
16番	17番	18番	19番	20番
21番	22番	23番	24番	25番

年　　組　　名前

感想など

東海道五十三次

感想など

139

（振り出し）江戸日本橋

1. 品川（しながわ）

▼品川の別れ酒

2. 川崎（かわさき）

●六郷川の渡し

★平間寺
（川崎大師の名で知られる）

▼奈良茶飯

3. 神奈川（かながわ）

●神奈川台の展望

▼亀の甲せんべい

13. 原（はら）

●富士山の裾野

12. 沼津（ぬまづ）

●千本松原
（海岸沿いの松並木）

11. 三島（みしま）

★三島明神

14. 吉原（よしはら）

15. 蒲原（かんばら）

●蒲原夜の雪

★禅林寺

16. 由比（ゆい）

▼駿河の桜エビ

17. 興津（おきつ）

★清見寺
度々日本史に名が登場し、古くは
足利尊氏が手厚く加護をした寺

28. 見附（みつけ）

27. 袋井（ふくろい）

★真言宗・医王山油山寺（目病治癒）

★真言宗・法多山尊永寺（厄除け）

★曹洞宗・万松山可睡斎（火伏の神）

26. 掛川（かけがわ）

★秋葉神社
カマド神としても名高い

◆葛布
合羽や裃、袴などにつかわれた

29. 浜松（はままつ）

▼浜名湖うなぎ

●浜名湖の夕焼け

31. 新居（あらい）

●新居の関所

＊ここで停止，奇数が出るまで先に
進めません。出たら白須賀に進みます。

32. 白須賀（しらすか）

33. 二川（ふたがわ）

30. 舞阪（まいさか）

4. 保土ヶ谷（ほどがや）

●留女
とめおんなと呼ばれた宿泊客を呼び込む女たちが
有名で真っ白に顔を塗りたくっていた

▼ぼたん餅

5. 戸塚（とつか）

6. 藤沢（ふじさわ）

★時宗総本山遊行寺
（清浄寺）

7. 平塚（ひらつか）

●平塚の七夕祭り

8. 大磯（おおいそ）

★延台寺
（有名な虎御石がある）

10. 箱根（はこね）

●箱根の関所
全国の関所中もっとも厳しく、整備も整って
いて「出女に入り鉄砲」の改めを行っていた

＊ここで停止1が出るまで先に進めません。
出たら三島に進みます。

9. 小田原（おだわら）

▼小田原かまぼこ

▼ういろう

▼相模梅干し

◆小田原提灯

18. 江尻（えじり）

★草薙神社
日本武尊の伝説と天の羽衣の伝説も
この地のもの

19. 府中（ふちゅう）

◆籠細工
◆桑細工
▼あべ川餅

20. 丸子（まりこ）

▼丸子のとろろ汁

21. 岡部（おかべ）

▼岡部玉露

22. 藤枝（ふじえだ）

▼焼津鮮魚
◆静岡茶
◆しいたけ
◆遠州みかん

25. 日坂（ひさか）

●「小夜の中山」

24. 金谷（かなや）

川越の旅人はまず川会所で賃金を払って川札をもらいこれを人足
に渡す。肩車でわたれる場合は一枚で、連台越（れんだいごし）
になるとこれが十枚とか場合によっては二十枚とかになった

＊ここで停止5か6が出るまで先に進めません。
出たら日坂に進みます。

23. 島田（しまだ）

●大井川渡し
「箱根八里は馬でも越すが越すにこされる大井川」

＊ここで停止1か2が出るまで先に進めま
せん。出たら金谷に進みます。

34. 吉田（よしだ）

★豊明稲荷

35. 御油（ごゆ）

●「御油の松並木」

37. 藤川（ふじかわ）

36. 赤坂（あかさか）

38. 岡崎（おかざき）

◆三州花火

39. 池鯉鮒（ちりゅう）

●木綿市

芭蕉の句に
「不断立つ 池鯉鮒の宿の 木綿市」
とある

40. 鳴海（なるみ）

●桶狭間古戦場

◆鳴海絞（木綿染め）

41. 宮（みや）

★熱田神宮

●七里の渡し（伊勢湾を渡る桑名への渡船場）

＊ここで停止偶数が出るまで先に進めません。
出たら桑名に進みます。

53. 大津（おおつ）

●「瀬田の唐橋」

52. 草津（くさつ）

上がり　京都三条大橋

44.石薬師（いしじゃくし）	45.庄野（しょうの）	46.亀山（かめやま）
★石薬師寺	▼俵の焼米	◆亀山ろうそく

43.四日市（よっかいち）

◆千万古焼

42.桑名（くわな）

▼桑名はまぐり

47.関（せき）

◆関こんにゃく
◆火縄

48.阪之下（さかのした）

51.石部（いしべ）

●石山寺
（紫式部が源氏物語を著した）

50.水口（みなくち）

◆つづら細工
◆キセル
◆水口かんぴょう
▼泥鰌汁

49.土山（つちやま）

ザ・東海道五十三次

　江戸時代の交通のようすを学ぶために、東海道を旅していくすごろくである。最初におみくじサイコロを設定する。ワークシートの1番から25番までに　①～⑥の数字を各自で当てはめる。このとき、①～⑥は必ず3つずつはあるように決める。サイコロで出た分だけ先に進んでいく。

Guide

　スライドでは、葛飾北斎の浮世絵とともに、宿場を順番に示しながらこの回のおみくじ番号を表示する。「一　品川宿」では23番のマスに書かれた番号の数字がサイコロの出目となり、マスを進んでいく。

　得点は「見物ポイント」と「旅ポイント」の合計点になっている。最初の設定で見物ポイントのコースを決める。

★お寺参りコース　●名所巡りコース　▼名物食べ物コース　◆名産おみやげコースのどれかを選択し、止まったマスに同じ記号があった場合はワークシートの見物ポイント欄に同じ記号を書いていく。

　旅ポイントは到着時の点であり、スライドで示していく。「十九　府中宿」のときに上がりに着いた場合は46点となる。早く着くほど高い点だが、いくつかの宿では特別な高得点が設定してある。スライドが上がりに到達した時点で終了となり、旅ポイントは0点となる。

　ワークシートの「10　箱根」では、全員が停止する。ここでは、1が出るまで進むことができず、1が出たら次の三島宿に進む。なかなか越えることができず、箱根の関所がいかに厳しいものであったかを表している。「23　嶋田」「24　金谷」は大井川の渡しである。島田で全員が止まり、ここで1か2が出たら金谷に進む。金谷でも全員が止まり、ここで5か6が出たら日坂に進む。日常的に川止めが行われていたことを表している。

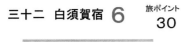

「31　新居」も関所で、全員が止まる。ここでは、奇数が出たら次の白須賀に進む。箱根に比べて江戸から遠いため、通過しやすくなっている。

「41　宮」は七里の渡しで、全員が止まる。ここでは、偶数が出たら次の桑名に進む。ここからは特に障壁はなく、京都三条大橋が上がりになっている。

東海道五十三次

　全体的な進度にもよるが、それぞれの宿場にかかわる話を聞かせながら進めていくと、江戸時代の庶民がどのような旅をしていたかようすがつかめていく。また、早く上がった生徒については、旅ポイント20を減点して2週目に入るなど運用を工夫することもできる。

ザ・徳川吉宗

徳川幕府代8代将軍・徳川吉宗。時は1716年、紀伊徳川家から将軍職をついだ吉宗の前には、数多くの問題が山積みになっていた……。「中興の祖」と称された吉宗がいかにしてこれらの問題を解決したか、彼の足跡をたどりながら、学んでみよう。

【きまり】

将軍である吉宗のもとには、様々な問題が舞い込んできます。それぞれの問題には「改革ポイント」が設定されており、問題を解決する（正解する）ことで改革ポイントを手に入れることができます。手に入れた改革ポイントを「経済対策」、「治安対策」、「農村対策」の3つの分野に自由に振り分け、改革を進めましょう。最終的に3つの分野が一定以上のポイントがたまっていたら、改革は成功です。

【はじまり】

徳川御三家紀州藩2代藩主・徳川光貞の四男として生を受け、「源六」と名付けられます。紀州藩藩主を経て、33歳のとき、徳川幕府第8代将軍に就任します。

第一歩	将軍就任に反感・・・どうしますか？

　　　1　紀州時代からの家臣　　　　2　お金を渡す　　　　3　すべてクビ

第二歩	軟弱な武士たち・・・どうしますか？

　　　1　鷹狩　　　　　　　　　　　2　訓練　　　　　　　3　剣術大会

第三歩	奥女中の50人の美女・・・どうしますか？

　　　1　身近に　　　　　　　　　　2　出世　　　　　　　3　解雇（クビ）

第四歩	江戸の町を大火・・・どうしますか？

　　　1　町火消　　　　　　　　　　2　武家火消　　　　　3　町を作り変える
　　　　まちびけし　　　　　　　　　　ぶけひけし

第五歩	江戸城が火事・・・どうしますか？

1　いち早く避難　　　　2　自ら消火　　　　3　屋根で消火の指揮

第六歩	江戸の町に幕府に対する不満・・・どうしますか？

1　意見を入れる箱　　　2　身分を隠して交流　　3　江戸城を開城

第七歩	「この糞桶を置いていた者を連れて来い」・・・どうしますか？

1　切り捨て　　　　　　2　特に罰を与えない　　3　服を与える

第八歩	武士たちの働きぶりが・・・どうしますか？

1　紀州から家臣を　　　2　位の低い者でも重職に　3　給料を引き上げ

第九歩	「一目見たい」動物とは？

1　ゾウ　　　　　　　　2　キリン　　　　　　　3　トラ

第十歩	米を集めるために・・・どうしますか？

1　参勤交代をゆるめる　2　年貢を増やす　　　　3　麦や粟（あわ）を集める

第十一歩	米の価格が下がって・・・どうしますか？

1　武士の給料をお金で　2　米を買い上げ　3　与える米の量を一時的に増やす

第十二歩	江戸の町に犯罪も急増・・・どうしますか？

1　罪に対して罰を定める　2　巡回を増やして監視する
3　自ら町へ繰り出して悪人を成敗する

第十三歩	最期に自らの死後の扱いについて・・・どうしますか？

1　「家康・光圀の墓所ほど立派にしなくてよい。」
2　「綱吉の墓に一緒に入れてくれればよい。」
3　「わたしが建てた家綱の墓と同じ大きさでよい。」

徳川吉宗

改革の記録

左からポイントを〇で書いていきましょう。失ったポイントは左から × で消していきます。
マイナスになることはありません。

経済対策																				
治安対策																				
農村対策																				

最後に結果を集計します。

あなたが手に入れた改革ポイントは…	享保の改革を成功させるための条件は…
経済対策（　　　）ポイント	経済対策（　　　）ポイント
治安対策（　　　）ポイント	治安対策（　　　）ポイント
農村対策（　　　）ポイント	農村対策（　　　）ポイント

おわりに

様々な改革を行った吉宗は、1745年に将軍職を長男の家重に譲り、その6年後に亡くなりました。
彼の改革によって幕府財政は一時的に立ち直り、その手腕から「中興の祖」として称えられました…。

結果

享保の改革は（ 成功・失敗 ）しました。

感想など

年　　　組　　　名前 _____

ザ・徳川吉宗

　享保の改革をおこなった徳川吉宗には、多くの逸話が残されている。また、新しい発想で政治改革に取り組んだこともよく知られている。しかし、実際には一時的なものとなり、結局は幕府の財政難を解決するには至らなかった。簡単な3択問題に取り組みながら当時のようすを感じ取ることができるように作成した。

Guide

時は 1716 年、将軍職をついだ吉宗の前には数多くの問題が山積みになっていた…「中興の祖」と称された吉宗がいかにしてこれらの問題を解決したか、彼の足跡をたどりながら、学んでみよう。

ワークシートには次のようにきまりを示している。

【きまり】将軍である吉宗のもとには、様々な問題が舞い込んできます。それぞれの問題には「改革ポイント」が設定されており、問題を解決する（正解する）ことで改革ポイントを手に入れることができます。手に入れた改革ポイントを「経済対策」、「治安対策」、「農村対策」の3つの分野に自由に振り分け、改革を進めましょう。最終的に3つの分野が一定以上のポイントがたまっていたら、改革は成功です。

徳川吉宗 「享保の改革」の道のり

時は1716年、将軍職をついだ吉宗の前には数多くの問題が山積みになっていた…
「中興の祖」と称された吉宗がいかにしてこれらの問題を解決したか、彼の足跡をたどりながら、学んでみよう。

【はじまり】

紀伊藩2代藩主・徳川光貞の四男として生を受け、「源六（げんろく）」と名付けられます。22 歳のときに藩主に就任し、藩政改革を断行。33 歳のとき、7代将軍・徳川家綱がわずか8歳という若さで早世したため、家康と世代的に一番近いという理由から将軍に就任します。

徳川吉宗 「享保の改革」の道のり

＜はじまり＞
紀伊藩2代藩主・徳川光貞の四男として生を受け、「源六（げんろく）」と名付けられます。
22歳のときに藩主に就任し、藩政改革を断行。
33歳のとき、7代将軍・徳川家綱がわずか8歳という若さで早世したため、
家康と世代的に一番近いという理由から将軍に就任します。

＜第一歩＞

　将軍の就任が決まった吉宗。しかし、幕府の中には御三家筆頭の尾張家を抑えての就任に反感を抱いている者たちがいるようです。どうしますか？
①紀州時代からの家臣を一緒に連れて行き助けてもらう。
　②反感を抱いている者たちにお金を渡し、上手く取り入る。
　③反感を抱いている者たちをすべてクビにする。

2

＜第一歩＞
将軍の就任が決まった吉宗。しかし、幕府の中には御三家筆頭の尾張家を抑えての就任に反感を抱いている者たちがいるようです。どうしますか？
　①紀州時代からの家臣を一緒に連れて行き助けてもらう。
　②反感を抱いている者たちにお金を渡し、上手く取り入る。
　③反感を抱いている者たちをすべてクビにする。

　選択した番号に〇をつける。その後、正解を提示する。正解の番号のところに葵紋が止まるようになっている。ここでの正解は①、実際にこのとき多くの家臣が江戸に移り住んだ。さらに正解で得られる「改革ポイント」を示す。ここでは2であり、「経済対策」、「治安対策」、「農村対策」のいずれかに〇を2つ記入する。

<第二歩>

将軍として幕府の中に入った吉宗は、武士の気風がゆるみ、馬に乗った経験がない者もめずらしくないということに気付きました。そんな軟弱な武士たちを見て吉宗がとった行動とは？

①鷹狩に出かける　②すべての武士に馬を与え、訓練をさせる

③剣術大会を開催して、武芸を奨励する

<第二歩>

将軍として幕府の中に入った吉宗は、武士の気風がゆるみ、馬に乗った経験がない者もめずらしくないということに気付きました。そんな軟弱な武士たちを見て吉宗がとった行動とは？

①鷹狩に出かける。

②すべての武士に馬を与え、訓練をさせる。

③剣術大会を開催して、武芸を奨励する。

2

　以下、同様に進めていく。ここでの正解は①であり、武士たちの訓練として鷹狩がさかんにおこなわれるようになった。ここでの正解で得られる「改革ポイント」は2である。この2問を通して、勘で選ぶのではなく、考えて判断することを意識させる。実現可能かどうか考えると第二歩は一択である。

徳川吉宗　享保の改革への道のり

平和な江戸の町に
突如盗賊団が出現！
町は大混乱に
おちいります。
治安対策ポイントを
2つ失います。

　ここで異変が発生する。

平和な江戸の町に突如盗賊団が出現！！　町は大混乱におちいります。治安対策ポイントを2つ失います。

　ワークシートの記録部分にある治安対策ポイントを2つ消す。このときポイントがマイナスになることはなく、なくなっていたらそれ以上減らすことはしない。

<第三歩>

ある日の夜、休むために大奥へと入った吉宗は、その奥女中の多さに驚きます。すると、「とにかく美しい顔の女50人ほど書き出せ。」と家来に命じました。この後吉宗はこの50人の美女をどうしたでしょうか？

①身近に置いた。

②出世させた。

③解雇した（辞めさせた）。

3

<第三歩>

ある日の夜、休むために大奥へと入った吉宗は、その奥女中の多さに驚きます。すると、「とにかく美しい顔の女50人ほど書き出せ。」と家来に命じました。この後吉宗はこの50人の美女をどうしたでしょうか？

①身近に置いた　②出世させた　③解雇した（辞めさせた）

　美しいならそれだけで生きていけるという時代であった。ここでの正解は③、得られる「改革ポイント」は3である。

<第四歩>

吉宗が将軍になってから数年後、江戸の町を大火事が襲いました。これを受けて吉宗がとった政策は？

①町人による町火消を編成する。

②武士による武家火消を編成する。

③火事が起こりにくい形に江戸の町を作り変える。

3

<第四歩>

吉宗が将軍になってから数年後、江戸の町を大火事が襲いました。これを受けて吉宗がとった政策は？

①町人による町火消を編成する

②武士による武家火消を編成する

③火事が起こりにくい形に江戸の町を作り変える

　江戸は再三火災に見舞われている。いち早く消火に当たることが重要であり、「い組」「ろ組」というように町人の組織がつくられた。ここでの正解は①、得られる「改革ポイント」は3である。

<第五歩>

江戸の町の次は、なんと江戸城が火事になり
ました。このとき吉宗がとった行動は？
①いち早く火災現場から逃れる。
②自ら消火に当たる。
🔘屋根の上に登り、消火の指揮をする。

2

<第五歩>

江戸の町の次は、なんと江戸城が火事になりました。このとき吉宗
がとった行動は？

①いち早く火災現場から逃れる

②自ら消火に当たる

③屋根の上に登り、消火の指揮をする

　ここでも考えることで正解に行きつける。いち早く逃げたのでは武士としての威厳にかかわり、消火にともなう危険に身をさらすことは将軍として望ましくない。ここでの正解は③、得られる「改革ポイント」は2である。

<第六歩>

　将軍として日々仕事をこなす吉宗ですが、どう
も江戸の町に幕府に対する不満があふれている
ようで気が気でなりません。これを解決するため
に、どうしますか？
🔘江戸の町に庶民が意見を入れる箱を
設置して、庶民の声を政治に取り入れる。
②将軍という身分を隠して江戸の町へ繰り出し、
庶民と交流し、悪人を成敗する。
③江戸城を開城し、庶民が直接
将軍に意見を言えるようにする。

3

<第六歩>

将軍として日々仕事をこなす吉宗ですが、どうも江戸の町に幕府に
対する不満があふれているようで気が気でなりません。これを解決
するために、どうしますか？

①江戸の町に庶民が意見を入れる箱を設置して、庶民の声を政
　治に取り入れる

②将軍という身分を隠して江戸の町へ繰り出し、庶民と交流し、
　悪人を成敗する

③江戸城を開城し、庶民が直接将軍に意見を言えるようにする

　目安箱のことである。例え知らなくても、他が非現実的であることは容易に判断できる。ここでの正解は①、得られる「改革ポイント」は3である。

徳川吉宗　享保の改革への道のり

江戸近辺の農村で
いなごが大量発生！！
農村のイネは食べ
つくされてしまいました…
農村対策ポイントを
3つ失います。

　ここで異変が起きる。

江戸近辺の農村でいなごが大量発生！！　農村のイネは食べつくさ
れてしまいました…。農村対策ポイントを3つ失います。

　ワークシートの記録部分にある農村対策ポイントを3つ消す。前回同様、なくなっていたらそれ以上減らすことはしない。

<第七歩>

　いなご大量発生の被害を調べるため、吉宗は
農村へ迎います。田んぼのあぜ道を歩いている
とき、糞桶をひっくり返して、服に糞が付いてしま
いました。「この糞桶を置いていた者を連れて来
い」と命じる吉宗。この後どうなったでしょうか？
①糞が服に付いたことに怒りを露わにし、
糞桶を置いていた者を切り捨てた。
②「以後気をつけるように」とだけ言って、
特に罰を与えなかった。
🔘こぼれた糞の代わりに、服を与えた。

2

<第七歩>

いなご大量発生の被害を調べるため、吉宗は農村へ迎います。田
んぼのあぜ道を歩いているとき、糞桶をひっくり返して、服に糞が
付いてしまいました。「この糞桶を置いていた者を連れて来い」と
命じる吉宗。この後どうなったでしょうか？

①糞が服に付いたことに怒りを露わにし、糞桶を置いていた者を
　切り捨てた

②「以後気をつけるように」とだけ言って特に罰を与えなかった

③こぼれた糞の代わりに、服を与えた

　糞桶には農民にとって大切な肥料が入っている。それを失わせたと考え、同時に汚れた服も処分できる。ここでの正解は③、得られる「改革ポイント」は2である。

<第八歩>

庶民の不満は解決しましたが、今度はどうにも
自分の家来の武士たちの働きぶりがあまりよく
ありません。やはり紀州から連れてきた家臣たち
だけでは限界があるようです。どうしますか？
①紀州からさらに多くの家臣を連れてきて、
江戸で活躍してもらう。
②位の低い者でも重職につけるようにして、
幅広く人材を探す。
③武士の給料を引き上げて、やる気を出させる。

3

<第八歩>

庶民の不満は解決しましたが、今度はどうにも自分の家来の武士た
ちの働きぶりがあまりよくありません。やはり紀州から連れてきた
家臣たちだけでは限界があるようです。どうしますか？

①紀州からさらに多くの家臣を連れてきて江戸で活躍してもらう

②位の低い者でも重職につけるようにして、幅広く人材を探す

③武士の給料を引き上げて、やる気を出させる

現実的なものは1つしかなく、足高の制のことである。ここでの正解は②、得られる「改革ポイント」は3
である。

<第九歩>

吉宗は鎖国にもかかわらず、外国にとても興味
がありました。あるとき、「一目見たい」という吉
宗の命で、外国の動物を江戸まで取り寄せること
になりました。さて、その動物とは？
①ゾウ
②キリン
③トラ

1

<第九歩>

吉宗は鎖国にもかかわらず、外国にとても興味がありました。あ
るとき、「一目見たい」という吉宗の命で、外国の動物を江戸ま
で取り寄せることになりました。さて、その動物とは？

①ゾウ　　　　②キリン　　　　③トラ

吉宗は長崎奉行から届く出島での報告に興味を持っていたという。在任中、吉宗唯一のわがままと言える。
ここでの正解は①、得られる「改革ポイント」は1である。

徳川吉宗 享保の改革への道のり

日本近海にロシアの
探査船が出現！！
周辺の漁民は不安な
日々を送ります。
治安対策ポイントを
2つ失います。

ここで異変が起きる。

日本近海にロシアの探査船が出現！！　周辺の漁民は不安な日々
を送ります。治安対策ポイントを2つ失います。

ワークシートの記録部分にある治安対策ポイントを3つ消す。
なくなっていたらそれ以上減らすことはしない。

<第十歩>

この頃幕府の財政は非常に苦しい状態で、家
来に払う米さえも困るようなありさまでした。そこ
で吉宗は米を集めるために、どうしましたか？
①大名の参勤交代をゆるめる代わりに、
米を差し出させた。
②年貢の量を増やして、厳しく取り立てた。
③米の代わりに麦や粟を集めた。

4

<第十歩>

この頃幕府の財政は非常に苦しい状態で、家来に払う米さえも困
るようなありさまでした。そこで吉宗は米を集めるために、どうし
ましたか？

①大名の参勤交代をゆるめる代わりに、米を差し出させた

②年貢の量を増やして、厳しく取り立てた

③米の代わりに麦や粟を集めた

上米の制である。吉宗は米を政策で扱うことが多く、「米将軍」と呼ばれていた。ここでの正解は①、得
られる「改革ポイント」は4である。

<第十一歩>
何とか急場をしのぐことはできましたが、今度は米の価格が下がってしまいました。米で給料をもらう武士たちの暮らしは苦しくなる一方です。この問題を解決するため、吉宗がとった政策は？
　①武士の給料を米ではなくお金で払うようにする
　②江戸の米を買い上げて、米の価格を吊り上げる
　③与える米の量を一時的に増やす

<第十一歩>
何とか急場をしのぐことは出来ましたが、今度は米の価格が下がってしまいました。米で給料をもらう武士たちの暮らしは苦しくなる一方です。この問題を解決するため、吉宗がとった政策は？
　①武士の給料を米ではなくお金で払うようにする。
　②江戸の米を買い上げて、米の価格を吊り上げる。
　③与える米の量を一時的に増やす。
3

　やはり現実的なものは1つだけであり、「米将軍」の手腕を発揮した。ここでの正解は②、得られる「改革ポイント」は3である。

<第十二歩>
江戸の町では人口の増加にともなって、犯罪も増えていました。この状況を悲しんだ吉宗は…
　①どのような罪に対してどのような刑罰を与えるかを定めて、犯罪の抑制を図った
　②武士による巡回を増やして、町中を監視した
　③自ら町へ繰り出して、悪人を成敗した

<第十二歩>
江戸の町では人口の増加にともなって、犯罪も増えていました。この状況を悲しんだ吉宗は…
　①どのような罪に対してどのような刑罰を与えるかを定めて、犯罪の抑制を図った。
　②武士による巡回を増やして、町中を監視した。
　③自ら町へ繰り出して、悪人を成敗した。
4

　公事方御定書である。それまで役人の一存で決まっていた刑罰が定められたことで公平さも守られるようになった。ここでの正解は①、得られる「改革ポイント」は4である。

今度は吉宗の身に異変が起きる。
享保の改革を進めてきた吉宗。長年の苦労がたたりついに健康を害します。
ここでは、特にポイントを操作することはない。

徳川吉宗 「享保の改革」の道のり

享保の改革を
進めてきた吉宗。
長年の苦労がたたり
ついに健康を害します。

<第十三歩>
改革のために尽力した吉宗。最期に自らの死後の扱いについて、こう語ったという。
　①「わたしの墓所は家康・光圀の墓所ほど立派にしなくてよい。」
　②「わたしを綱吉の墓所に一緒に入れてくれればよい。」
　③「わたしの墓所はわたしが建てた家綱の墓所と同じ大きさでよい。」

<第十三歩>
改革のために尽力した吉宗。最期に自らの死後の扱いについて、こう語ったという。
　①「わたしの墓所は家康・光圀の墓所ほど立派にしなくてよい。」
　②「わたしを綱吉の墓所に一緒に入れてくれればよい。」
　③「わたしの墓所はわたしが建てた家綱の墓所と同じ大きさでよい。」
3

　吉宗は幕府の財政が苦しいことを誰よりも知っており、できるだけ出費がないようにと言い残した。ここでの正解は②、得られる「改革ポイント」は3である。

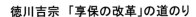

徳川吉宗 「享保の改革」の道のり

あなたが手に入れた改革ポイントを集計してください。

享保の改革を成功させるための条件は…
経済対策（ 8 ）ポイント
農村対策（ 8 ）ポイント
治安対策（ 3 ）ポイント

最後に結果を集計する。ワークシートの記録表で残っている〇の数を集計し、あなたが手に入れた改革ポイントの欄に数値で記入する。その後、享保の改革を成功させるための条件を提示して数値を書きとる。3つの改革ポイント必要数を全て満たしたら改革は成功となる。

ここで、必要数が経済対策と農村対策が8であるのに対し、治安対策が3であることに着目する。享保の改革の後、急激に一揆や打ちこわしが増え、外国船も頻繁に来航するようになる。治安の面までは手が回らなかったというのが実情のようである。

徳川吉宗 「享保の改革」の道のり

様々な改革を行った吉宗は、1745年に将軍職を長男の家重に譲り、その6年後に亡くなった。彼の改革によって幕府財政は一時的に立ち直り、その手腕から「中興の祖」として称えられました…

様々な改革を行った吉宗は、1745 年に将軍職を長男の家重に譲り、その6年後に亡くなった。彼の改革によって幕府財政は一時的に立ち直り、その手腕から「中興の祖」として称えられました…

最終結果として成功・失敗に〇をつける。感想を書く際には、この時代の様子や吉宗の考えを意識して書くようにしたい。

Lesson 14 ザ・田沼意次 × 松平定信

どちらを担当するかを決め、自分と対戦相手の名前を書きます。
ここから赤で記入します。重視する政策を3つ選び、〇で囲みます。

田沼意次（　　　　　　）	
節約政策	農業政策
裏工作	商業政策
貿易政策	文化政策

松平定信（　　　　　　）	
節約政策	農業政策
裏工作	商業政策
貿易政策	文化政策

田沼 は田沼意次、 松平 は松平定信が選択して〇で囲います。相手が選んだものも記入します。
選んだものに応じて〇が増えた場合は書き足し、減った場合は左下から × で消します。

1	田沼	田沼意次の父、田沼意行（もとゆき）は紀州の出身で、徳川吉宗が8代将軍になるときに江戸に転勤しました。意次は15歳で、吉宗の長男で後に9代将軍となる徳川家重に仕えます。どの仕事を希望しますか？ ① 剣術の相手　　　② 学問の手伝い　　　③ 雑用係
2	田沼	続く10代将軍徳川家治（とくがわいえはる）の時に意次は側用人という重要な役職に出世します。その理由はどれでしょうか？ ① 9代家重の遺言　　② 10代家治と年が同じ　　③ 他に候補者がいなかった
3	田沼	1772年に意次が老中となる時、その出世に反感を持つ者たちを抑えるために、徳川一門の大御所・徳川治済を味方につけます。どのような手を打ちますか？ ① 治済の子を次の将軍候補とする　　② お金を贈る　　③ 改革の必要を訴える

4	松平	松平定信は、徳川吉宗の孫にあたりましたが、意次の政策によって白河藩を継ぐことになり、将軍になる資格を失いました。どうしますか？ ① 白河藩の政治に専念　　② 意次の悪口を流す　　③ 徳川治済に取り入る
5	田沼	幕府の支出を抑えるため、意次はどの費用を削減しますか？ ① 大奥の費用　　② 江戸町奉行所の費用　　③ 老中の政治費用
6		1782年に天明の飢饉が起きます。東北地方を中心に多くの餓死者が出るほどでした。どのような対策を取りますか？
	田沼	① 西日本から米を輸送　　② 米の買い占めを禁止　　③ 年貢の軽減
	松平	① 米を買い占めて領内に配る　　② 年貢を免除する　　③ 自分も節約する
7	田沼	幕府の収入増加を図るために、どうしますか？ ① 年貢を増加する　　② 商人に増税する　　③ 武士から税を取る
8	松平	田沼政権の打倒を狙います。何をしますか？ ① 意次の悪口を流す　　② 学者たちの信頼を集める　　③ 徳川治済に取り入る
9	田沼	さらに幕府の大幅な収入増加を図ります。何をしますか？ ① 蝦夷地の開拓　　② 高級食材の輸出　　③ 印旛沼の干拓
10	松平	意次に対する攻勢に出ます。何をしますか？ ① 意次の暗殺　　② 息子意知（おきとも）の暗殺　　③ 意次の悪口を流す
11	松平	意次に老中辞任を迫ります。何を理由にしますか？ ① 10代将軍家治の死去　　② 浅間山の噴火災害　　③ 政治の不正問題
12	松平	1787年、徳川家斉が11代将軍となり、松平定信が老中に就任します。最初の政策として何を行いますか？ ① 人返しの法　　② 囲い米の制　　③ 棄捐令（きえんれい）
13	松平	江戸の雰囲気が乱れています。対策として、どうしますか？ ① 節約を命じる　　② 学問を統制する　　③ 荒くれ者に仕事を教える
14	松平	ロシア船が根室に来航します。海防の強化が必要となりました。どうしますか？ ① 自ら指揮を執って準備する　　② アイヌ人を使う　　③ 何もしない

田沼意次（　　　　）点　　　松平定信（　　　　）点

年　　組　　名前
_____

感想などを書いてください。

田沼意次（　　　　）点　　　松平定信（　　　　）点

ザ・田沼意次 ×松平定信

江戸時代の幕政改革のうち、田沼意次の政治と松平定信の政治を取り上げ、改革が難しかったようすを再現していく。政敵同士だった田沼意次と松平定信に分かれ、1対1の対戦方式にした。まず、どちらを担当するかを決め、それぞれ重視する政策を、節約政策・農業政策・裏工作・商業政策・貿易政策・文化政策から3つ選択する。

Guide

年代を追ってさまざまな出来事が起きるが、★は田沼意次、◇は松平定信が選択肢から選んだ番号を囲う。相手が選んだものも記入していく。選んだものに応じて〇が増えた場合は記録表に書き足し、減った場合は左下から × で消していく。相手の〇の変動を記録する必要はない。

ザ・田沼×定信

～わいろ政治から寛政の改革へ
① どちらを担当するかを決めます。
② 重視する政策を3つ選びます。
　重視した政策の結果、得られた〇は2倍

ザ・田沼×定信

(1)徳川家重に仕えます。
どの仕事を希望しますか？

① 剣術の相手　　田沼→〇
② 学問の手伝い　田沼→〇
③ 雑用係　　　　田沼→〇〇〇

★（1）田沼意次の父、田沼意行は紀州の出身で、徳川吉宗が8代将軍なるときに江戸に転勤しました。意次は15歳で、吉宗の長男で後に9代将軍となる徳川家重に仕えます。どの仕事を希望しますか？

この問いでは、田沼側が選択し、松平側は相手が選んだものを記録する。その後、結果を示し、双方の〇を変動させる。この場合は選んだ番号によって田沼側の〇が増えることになる。

ザ・田沼×定信

(2)側用人に出世します。
その理由はどれでしょうか？

① 家重の遺言　　　田沼→〇〇〇
② 家治と年が同じ　田沼→×
③ 候補者がいない　田沼→〇

★（2）続く10代将軍徳川家治の時に意次は側用人という重要な役職に出世します。その理由はどれでしょうか？

この問いも田沼側が選択する。結果、②を選んだ場合は田沼側の〇が1つ減る。

ザ・田沼×定信

(3)治済を味方につけます。
どのような手を打ちますか？

裏工作
① 子を将軍候補　田沼→〇　定信→××××
② お金を贈る　　田沼→〇〇
③ 改革を訴える　田沼→×

★（3）1772年に意次が老中となる時、その出世に反感を持つ者たちを抑えるために、徳川一門の大御所・徳川治済を味方につけます。どのような手を打ちますか？

この問いも田沼側が選択する。結果、田沼側が①を選んだ場合、田沼側の〇が1つ増え、同時に相手となる定信側の〇が4つ減ることになる。自分が選んだ選択肢が相手にも影響を与えるということを考えていく。また、選択肢①は「裏工作」である。選択した側である田沼側が重視する政策に裏工作を選んでいる場合、増える〇の数が2倍になり、減る〇の数も2倍になる。

ザ・田沼×定信

(4)白河藩を継ぎ、将軍に
なれません。どうしますか?

農業政策

① 白河藩に専念　定信→〇〇〇〇
② 意次の悪口　田沼→×× 裏工作
③ 治済に取り入る　定信→〇〇

◇（4）松平定信は、徳川吉宗の孫にあたりましたが、意次の政策によって白河藩を継ぐことになり、将軍になる資格を失いました。どうしますか?

　この問いでは、定信側が選択する。相手となる田沼側は、定信側の選択を記録する。

　結果、①は定信側の〇が4つ増え、農業政策である。②は田沼側の〇が2つ減り、裏工作である。③は定信側の〇が2つ増える。

　以下、同じ要領で進めていく。

ザ・田沼×定信

(5)支出を抑えるため、
どの費用を削減しますか?

節約政策

① 大奥の費用　田沼→〇〇
② 町奉行所の費用　田沼→×
③ 老中の政治費用　田沼→〇
節約政策

★（5）幕府の支出を抑えるため、意次はどの費用を削減しますか?

　この問いは、田沼側が選択する。

ザ・田沼×定信

(6)天明の飢饉が起きます。
どんな対策を取りますか?

① 米を輸送　田沼→〇
② 買い占め禁止　田沼→〇〇 商業政策
③ 年貢の軽減　田沼→〇
節約政策

◎（6）1782年に天明の飢饉が起きます。東北地方を中心に多くの餓死者が出るほどでした。どのような対策を取りますか?

　この問いには、双方が選択する。田沼側は★から、定信側は◇から選択し、互いに相手方の選択を記録する。その後、まず田沼側の選択による結果を反映し、続いて定信側の選択結果を反映する。定信側の①は、選んだ定信の〇が3つ増え、相手の田沼側の〇が3つ減る商業政策である。

ザ・田沼×定信

(6)天明の飢饉が起きます。
どんな対策を取りますか?

商業政策

① 米を買い占め　定信→〇〇〇 田沼→×××
② 年貢を免除　定信→〇
③ 自分も節約　定信→〇〇〇
節約政策

ザ・田沼×定信

(7)幕府の収入増加を図る
ために、どうしますか?

① 年貢を増加　田沼→×
② 商人に増税　田沼→〇〇 商業政策
③ 武士から税　田沼→××

★（7）幕府の収入増加を図るために、どうしますか?

ザ・田沼×定信

(8)田沼政権の打倒を狙います。何をしますか?

裏工作
① 意次の悪口　田沼→××
② 学者の信頼　定信→〇〇
③ 治済に取り入る　定信→〇　田沼→×××
裏工作

◇(8) 田沼政権の打倒を狙います。何をしますか?

ザ・田沼×定信

(9)大幅な収入増加を図ります。何をしますか?

① 蝦夷地の開拓　田沼→××
② 高級食材の輸出　田沼→〇〇　貿易政策
③ 印旛沼の干拓　田沼→×××　定信→〇

★(9) さらに幕府の大幅な収入増加を図ります。何をしますか?

ザ・田沼×定信

(10)意次に対する攻勢に出ます。何をしますか?

① 意次の暗殺　定信→××
② 息子の暗殺　定信→×　田沼→×××
③ 意次の悪口　田沼→××　裏工作

◇(10) 意次に対する攻勢に出ます。何をしますか?

ザ・田沼×定信

(11)意次に老中辞任を迫ります。何を理由にしますか?

① 家治の死去　定信→〇　田沼→×××
② 浅間山の噴火　田沼→××××
③ 政治不正問題　田沼→××

◇(11) 意次に老中辞任を迫ります。何を理由にしますか?

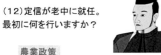

ザ・田沼×定信

(12)定信が老中に就任。最初に何を行いますか?

農業政策
① 人返しの法　定信→××
② 囲い米の制　定信→×　節約政策
③ 棄捐令　定信→×××××
節約政策

◇(12) 1787年、徳川家斉が11代将軍となり、松平定信が老中に就任します。最初の政策として何を行いますか?

　この過程で出てくる(9)は田沼意次の政治、(12)は松平定信の政治でそれぞれの中心になった政策である。結果を示す際に、どのような問題点があったのかに触れながら進めていきたい。

田沼×定信

ザ・田沼×定信

(13)江戸が乱れています。
対策としてどうしますか?

節約政策

① 節約を命じる　定信→×× 田沼→〇
② 学問を統制する 定信→×××× 田沼→〇
③ 荒くれ者に仕事 定信→〇　　文化政策

◇（13）江戸の雰囲気が乱れています。対策としてどうしますか?

ザ・田沼×定信

(14)海防の強化が必要と
なりました。どうしますか?

① 自ら指揮で準備　定信→×××××
② アイヌ人を使う　定信→×××
③ 何もしない　　　定信→××

◇（14）ロシア船が根室に来航します。海防の強化が必要となりました。どうしますか?

　このころになると、松平定信の政治にかかわりのないところから問題が発生してくる。例え田沼意次が存命で政治をおこなっていたとしても、同様に評判を落としていったものと思われる。

　最終結果として、残った〇の数を数値で記入し、多かった方が勝ちとなる。ここでは、「白河の清きに魚も住みかねて　もとの田沼のにごり恋しき」という歌を紹介して締めたい。

ザ・田沼×定信

勝敗を確認しましょう。
感想などを書いて下さい。

　なお、スライドの AI 意次版は、生徒数が奇数である場合、定信側を担当してスライド上で判断をしてくる田沼側と対戦するように作ったものである。

Guide 15

ザ・明治新政府

　明治維新で新政府が実施した政策は、廃藩置県を境に大きく変化する。それ以前は、方針を示すものであったり政府だけで実行できたりというものが中心であった。廃藩置県以後は、地租改正をはじめとする全国を巻き込んで本格的な改革が進んでいく。版籍奉還と廃藩置県によって、従来の地方分権から中央集権に国の構造が改められたことが重要な意味を持っている。

　この教材では、中央や地方にいる人材を廃藩置県前の配置から、新しい配置へと組み替えるパズルをおこなう。その結果を100点満点で採点できるようにした。ワークシートに直接記入しても良いし、回答用のエクセルシートで人材名のカードを移動させても良い。

Guide

　示す条件は次の通りである。

（１）あなたは，薩摩藩の指導者です。

（２）薩摩藩の盟友である長州藩の指導者と協力して，新政府を作り上げていくことになります。

（３）現在（左側）は「廃藩置県」直前の状態です。薩摩・長州から成る中央政府と，地方の藩には下の表のような人材がいます。これらの人材を右側の新しい組織表の役職に配置します。

＜目標＞あなたの支配力をより強力なものにすること。

＜条件＞人材が各役職の必要能力を満たしていること。

参議 （最高決議機関） 必要能力 91		大蔵大臣 必要能力 93	
		外務大臣 必要能力 95	
		農業大臣 必要能力 89	
		産業大臣 必要能力 89	
		法務大臣 必要能力 90	
		文部大臣 必要能力 89	
		海軍大臣 必要能力 92	
		陸軍大臣 必要能力 91	

	愛知県	岡山県	愛媛県	和歌山県
県知事 必要能力86				
警察署長 必要能力81				

大久保利通 能力95	木戸孝允 能力92
西郷隆盛 能力91	広沢真臣 能力87
大山巌 能力95	伊藤博文 能力95
別府晋介 能力86	山県有朋 能力94
篠原国幹 能力82	井上馨 能力93
桐野利秋 能力83	前原一誠 能力90
山口尚芳 能力86	福原定邦 能力81

田中不二麿 能力92	山尾陽三 能力91	松下源輔 能力93	松本勧助 能力89
川上耕斎 能力82	横山進 能力83	多々良光雄 能力81	大川修 能力82
戸田広勝 能力89	松田左近 能力88	岩川定道 能力90	陸奥宗光 能力95
成瀬慶昭 能力84	浅野道康 能力86	伊達宗成 能力87	山田邦俊 能力90

採点方法は、100点満点から減点法となっている。薩摩・長州の人材をどう配置するかによって減点していく。減点のポイントは次の通りである。

・参議に薩摩・長州以外の人材が1人入るごとに10点減点
・海軍大臣と陸軍大臣に薩摩・長州以外の人材が1人入るごとに15点減点
・各県の知事と警察署長が両方とも薩摩・長州以外の人材である場合は1県ごとに5点減点
・役職に就けなかった薩摩・長州の人材が1人いるごとに3点減点

　班で考えても個人で考えても良い。人事案ができた生徒のワークシートを見て、その場で点数を告げていく。何度でも作り替えて構わない。

　90点を超える人事案ができたら、それらを黒板やスクリーンに掲示していく。いくつもの合格案ができた段階で、「減点のポイント」を考えさせる。上記の減点のポイントについて、どうして減点なのかを考えていく。

　意思決定機関の参議は薩摩・長州の人材で独占し、軍事力を持つ大臣も独占する。各県で中央政府の命令が実行されるように、知事か警察署長に人材を派遣する。身内から不満が出ないように、薩摩・長州の人材には全て役職を与える。こうして、明治政府が中央集権国家に生まれ変わり、短期間での改革が進められることになる。

明治新政府

ザ・明治新政府

（１）あなたは、薩摩藩の指導者です。

（２）薩摩藩の盟友である長州藩の指導者と協力して、新政府を作り上げていくことになります。

（３）現在は「廃藩置県」直前の状態です。

　　　薩摩・長州から成る中央政府と、地方の藩には下の表のような人材がいます。

　　　これらの人材を右側の新しい組織表の役職に配置します。

【目標】あなたの支配力をより強力なものにすること。

【条件】人材が各役職の必要能力を満たしていること。

＜中央政府＞

薩摩	長州
おおくぼ　としみち 大久保 利通 能力 95	きど　　たかよし 木戸　孝允 能力 92
さいごう　たかもり 西郷　隆盛 能力 91	ひろさわ　まさおみ 広沢　真臣 能力 87
おおやま　いわお 大山　巌 能力 95	いとう　ひろぶみ 伊藤　博文 能力 95
べっぷ　しんすけ 別府　晋介 能力 86	やまがた　ありとも 山県　有朋 能力 94
しのはら　くにもと 篠原　国幹 能力 82	いのうえ　かおる 井上　馨 能力 93
きりの　としあき 桐野　利秋 能力 83	まえばら　いっせい 前原　一誠 能力 90
やまぐち　なおよし 山口　尚芳 能力 86	ふくはら　さだくに 福原　定邦 能力 81

地方（藩）

尾張	備前	伊予	紀伊
たなか ふじまろ 田中不二麿 能力 92	やまお　ようぞう 山尾　陽三 能力 91	まつした　げんすけ 松下　源輔 能力 93	まつもと　かんすけ 松本　勧助 能力 89
かわかみ　こうさい 川上　耕斎 能力 82	よこやま　すすむ 横山　進 能力 83	たたら　みつお 多々良 光雄 能力 81	おおかわ　おさむ 大川　修 能力 82
とだ　ひろかつ 戸田　広勝 能力 89	まつだ　さこん 松田　左近 能力 88	きしかわ　さだみち 岸川　定道 能力 90	むつ　むねみつ 陸奥　宗光 能力 95
なるせ　よしあき 成瀬　慶昭 能力 84	あさの　みちやす 浅野　道康 能力 86	だて　むねなり 伊達　宗成 能力 87	やまだ　くにとし 山田　邦俊 能力 90

＜中央政府＞

参議 （最高決議機関） 必要能力 91	

大蔵大臣　必要能力 93	
外務大臣　必要能力 95	
農業大臣　必要能力 89	
産業大臣　必要能力 89	
法務大臣　必要能力 90	
文部大臣　必要能力 89	
海軍大臣　必要能力 92	
陸軍大臣　必要能力 91	

地方（県）

	愛知県	岡山県	愛媛県	和歌山県
県知事　必要能力 86				
警察署長　必要能力 81				

得点

年　　組　名前

明治新政府

ザ・帝国議会

1990 年におこなわれた第1回帝国議会選挙をシミュレーションにした。帝国議会の開設までには、自由民権運動の高まり、議会開設の詔、内閣制度、帝国憲法と 10 年以上の過程を経ており、明治政府のさまざまな思惑が加わっている。当時の社会情勢も反映しながら、帝国議会の構成を考えられるように設計した。

帝国議会に出よう　5

① 班でどの政党を使って選挙に出るか決めます。

② 選んだ政党の中から各自が担当する候補者を決めます。

緑党	華族	学者A	地主A	社長A
黄党	士族A	役者	地主B	地主C
青党	士族B	学者B	地主D	社長B

③ 担当する候補者のシートへ移動します。

シート1

4人班で1人1台タブレットを用い、エクセルシートで進める。シート1は「はじめ」であり、各班は、3つある政党から1つを選ぶ。さらに、選んだ政党に所属する4人の候補者から、誰を担当するかを決める。この際、重複することはできず、4人を必ず誰かが担当することとする。

華族

	最大 8	最大 2	最大 5	最大 2	最大 4
出身地	財力	行動力	説得力	人気	信用

配分能力	乱数
25	

① 出身地を現在の47都道府県から選びます。

② 5つの能力を最大値をこえない範囲で、合計25以内に設定します。

③ 乱数を1〜9の整数で設定します。

○選挙活動の方法は、次の3つから選びます。
演説　演説会を開いて意見を訴え新聞に記事を書く。
工作　有力者を通じて権力に自分の名前を売り込む。
買収　財力に物を言わせて票をお金で買い取る。
○選挙活動を誰に対しておこなうのか、その対象を次の6つから選びます。
農民：全国の人口の60%以上をしめる。貧しい生活の改善を強く望んでいる。
地主：維新後政治に参加することが許され、政治に対する関心は高い。
士族：自由民権運動の流れをくみ、新政府への不満を持つ者が多い。
町人：全国の人口の約3分の1を占め、東京を中心に活発に仕事をしている。
華族：伊藤博文が実権を握り、薩摩と長州出身者が多い特権階級である。
学者：新政府から保護されて活躍している。政治に関しては利害を考えずに冷静に判断する。

④ 1〜9の中から3つを選び、活動対象を設定します。

1	演説を		に対しておこなう。
2	演説を		に対しておこなう。
3	演説を		に対しておこなう。
4	工作を		に対しておこなう。
5	工作を		に対しておこなう。
6	工作を		に対しておこなう。
7	買収を		に対しておこなう。
8	買収を		に対しておこなう。
9	買収を		に対しておこなう。
		活動対象	

得票数	0

シート 2-1

シート2-1は、緑党の「華族」を選択した場合である。初期設定として、次のことをおこなう。

① 出身地を47都道府県から選ぶ。

② 財力・行動力・説得力・人気・信用の5つの能力を、指定された最大値をこえることなく合計 25 以内で設定する。最大値は身分によって異なる。

③ 運を決める数である乱数を1〜9の中から設定する。

選挙活動を設定する。選挙活動は、何を誰に対しておこなうという組み合わせで成り立つ。何をおこなうかという「方法」には、演説・工作・買収の3つがある。誰に対しておこなうかという「対象」には、農民・地主・士族・町人・華族・学者の6つがある。これを組み合わせて、例えば「演説を農民に対しておこなう」というように3種類の選挙活動を設定する。

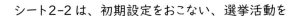

シート2-2は、初期設定をおこない、選挙活動を
「演説を士族に対しておこなう」「工作を家族に対しておこなう」「工作を地主に対しておこなう」
の3つに設定した場面である。選挙活動は例えば「演説を農民に対しておこなう」を3つ設定するなど、同じ
活動をいくつも設定して構わない。

全員が設定を終えた後、F9キーを押すと得票数が表示される。シート2-3は、得票数を表示した場面である。

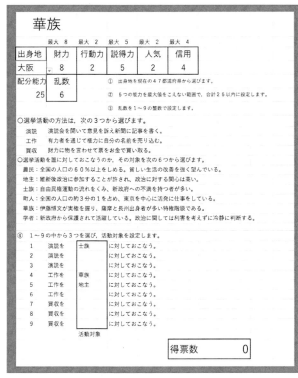

シート2-2   シート2-3

シート3～6は他の候補者の得票結果である。

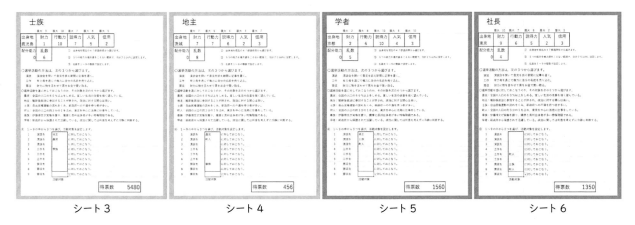

シート3   シート4   シート5   シート6

設定によっては、選挙違反で逮捕されたり演説中に危害を加えられたりして得票数が「逮捕」とか「被害」
になる場合もある。全員の得票結果が出たら、学級で予め決めておいた当選数に応じて誰が当選するのかを確
認する。当選者の入力データを示し、それらをもとに帝国議会についての考察をおこなう。地主・社長・士族
の当選が多くなる見込みではあるが、偏った結果になった場合は、教科書や資料集にある実際の当選者の内訳
をもとに考察をおこなう。

帝国議会

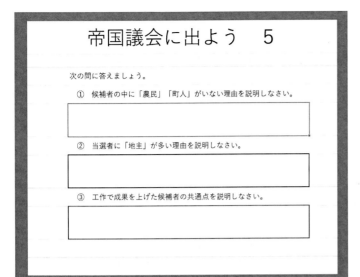

シート7

シート7は「おわり」であり、考察の設問に答えを入力して提出させる。

投票の条件に多額の納税があったことや、選挙不正が多くあったこと、薩長出身者が有利であったことなどを導き出したい。

ザ・日本の産業革命

日本の産業革命は、明治政府の主導によりわずか10年余りの期間で進められた。もとはワークシートプリントを用いていたものを、1人1台タブレットで使うエクセルシートに移したものである。

Guide

図1はスライドの画面であるが、基本的にはエクセルシートで進める。図2はエクセルシートの最初であり、下の 1884 年のシートを開いた場面である。

始めは図3の青色の欄に投資する金額を 10 単位で入力する。

図4はその例である。例では50の資金を全て投資しているが、余らせる設定をしても構わない。各会社にはデータがあるので参考にするよう促す。投資額の入力が終わったら、F9キーを押して配当金額を算出する。

図5は算出した後の画面で、63 を繰り越せることになった。残金がある設定の場合は、残金と配当の合計が繰越となる。

「日本の産業革命」

図1

図2

図3

1884年		投資 50	配当
1	諏訪製糸 長野県岡谷市 1880年設立、独立		0
2	三越百貨店 東京都 1712年設立、三井系		0
3	長崎造船所 長崎県長崎市 1865年設立、三菱系		0
4	大阪兵砲工 大阪府豊中市 1901年設立、住友系		0
5	三池炭坑 熊本県玉名市 1884年設立、三井系		0
6	川崎製鉄 神奈川県川崎市 1907年設立、独立		0
7	山陽紡績 広島県広島市 1882年設立、独立		0
8	安田汽船 東京都 1960年設立、安田系		0
9	倉敷紡績 岡山県倉敷市 1880年設立、独立		0
10	富岡製糸場 群馬県高崎市 1875年設立、官営		0
11	八幡製鉄所 福岡県八幡(現北九州)市 1901年設立、官営		0

残金	配当	繰越
50	0	50

図3

図4

1884年		投資 50	配当
1	諏訪製糸 長野県岡谷市 1880年設立、独立		0
2	三越百貨店 東京都 1712年設立、三井系		0
3	長崎造船所 長崎県長崎市 1865年設立、三菱系	20	0
4	大阪兵砲工 大阪府豊中市 1901年設立、住友系		0
5	三池炭坑 熊本県玉名市 1884年設立、三井系		0
6	川崎製鉄 神奈川県川崎市 1907年設立、独立		0
7	山陽紡績 広島県広島市 1882年設立、独立	20	0
8	安田汽船 東京都 1960年設立、安田系		0
9	倉敷紡績 岡山県倉敷市 1880年設立、独立		0
10	富岡製糸場 群馬県高崎市 1875年設立、官営	10	0
11	八幡製鉄所 福岡県八幡(現北九州)市 1901年設立、官営		0

残金	配当	繰越
50	0	50

図4

図5

1884年		投資 50	配当
1	諏訪製糸 長野県岡谷市 1880年設立、独立		0
2	三越百貨店 東京都 1712年設立、三井系		0
3	長崎造船所 長崎県長崎市 1865年設立、三菱系	20	12
4	大阪兵砲工 大阪府豊中市 1901年設立、住友系		0
5	三池炭坑 熊本県玉名市 1884年設立、三井系		0
6	川崎製鉄 神奈川県川崎市 1907年設立、独立		0
7	山陽紡績 広島県広島市 1882年設立、独立	20	32
8	安田汽船 東京都 1960年設立、安田系		0
9	倉敷紡績 岡山県倉敷市 1880年設立、独立		0
10	富岡製糸場 群馬県高崎市 1875年設立、官営	10	19
11	八幡製鉄所 福岡県八幡(現北九州)市 1901年設立、官営		0

残金	配当	繰越
0	63	63

図5

ここで 1888 年のシートに切り替える。繰越が反映されているのが図6である。前回と同じように投資額を設定する。図7のように 10 が単位なので残金が出る。F9キーを押して配当金額を算出したのが図8である。

図6

1888年		投資	配当
		63	
1	諏訪製糸 長野県岡谷市 1880年設立、独立		0
2	三越百貨店 東京都 1712年設立、三井系		0
3	長崎造船所 長崎県長崎市 1865年設立、三菱系		0
4	大阪兵砲工 大阪府豊中市 1901年設立、住友系		0
5	三池炭坑 熊本県玉名市 1884年設立、三井系		0
6	川崎製鉄 神奈川県川崎市 1907年設立、独立		0
7	山陽紡績 広島県広島市 1882年設立、独立		0
8	安田汽船 東京都 1960年設立、安田系		0
9	倉敷紡績 岡山県倉敷市 1880年設立、独立		0
10	富岡製糸場 群馬県高崎市 1875年設立、官営		0
11	八幡製鉄所 福岡県八幡(現北九州)市 1901年設立、官営		0

残金	配当	繰越
63	0	63

図7

1888年		投資	配当
		63	
1	諏訪製糸 長野県岡谷市 1880年設立、独立		0
2	三越百貨店 東京都 1712年設立、三井系		0
3	長崎造船所 長崎県長崎市 1865年設立、三菱系		0
4	大阪兵砲工 大阪府豊中市 1901年設立、住友系		0
5	三池炭坑 熊本県玉名市 1884年設立、三井系	10	0
6	川崎製鉄 神奈川県川崎市 1907年設立、独立		0
7	山陽紡績 広島県広島市 1882年設立、独立	20	0
8	安田汽船 東京都 1960年設立、安田系		0
9	倉敷紡績 岡山県倉敷市 1880年設立、独立	20	0
10	富岡製糸場 群馬県高崎市 1875年設立、官営	10	0
11	八幡製鉄所 福岡県八幡(現北九州)市 1901年設立、官営		0

残金	配当	繰越
63	0	63

図8

1888年		投資	配当
		63	
1	諏訪製糸 長野県岡谷市 1880年設立、独立		0
2	三越百貨店 東京都 1712年設立、三井系		0
3	長崎造船所 長崎県長崎市 1865年設立、三菱系		0
4	大阪兵砲工 大阪府豊中市 1901年設立、住友系		0
5	三池炭坑 熊本県玉名市 1884年設立、三井系	10	6
6	川崎製鉄 神奈川県川崎市 1907年設立、独立		0
7	山陽紡績 広島県広島市 1882年設立、独立	20	44
8	安田汽船 東京都 1960年設立、安田系		0
9	倉敷紡績 岡山県倉敷市 1880年設立、独立	20	42
10	富岡製糸場 群馬県高崎市 1875年設立、官営	10	20
11	八幡製鉄所 福岡県八幡(現北九州)市 1901年設立、官営		0

残金	配当	繰越
3	112	115

次に 1904 年のシートに切り替える。図9は繰越が反映されている場面で、図10 が投資額を設定した場面、図11 がF9キーを押して配当額を算出した場面である。

図9

1904年		投資	配当
		115	
1	諏訪製糸 長野県岡谷市 1880年設立、独立		0
2	三越百貨店 東京都 1712年設立、三井系		0
3	長崎造船所 長崎県長崎市 1865年設立、三菱系		0
4	大阪兵砲工 大阪府豊中市 1901年設立、住友系		0
5	三池炭坑 熊本県玉名市 1884年設立、三井系		0
6	川崎製鉄 神奈川県川崎市 1907年設立、独立		0
7	山陽紡績 広島県広島市 1882年設立、独立		0
8	安田汽船 東京都 1960年設立、安田系		0
9	倉敷紡績 岡山県倉敷市 1880年設立、独立		0
10	富岡製糸場 群馬県高崎市 1875年設立、官営		0
11	八幡製鉄所 福岡県八幡(現北九州)市 1901年設立、官営		0

残金	配当	繰越
115	0	115

図10

1904年		投資	配当
		115	
1	諏訪製糸 長野県岡谷市 1880年設立、独立		0
2	三越百貨店 東京都 1712年設立、三井系		0
3	長崎造船所 長崎県長崎市 1865年設立、三菱系		0
4	大阪兵砲工 大阪府豊中市 1901年設立、住友系	30	0
5	三池炭坑 熊本県玉名市 1884年設立、三井系	20	0
6	川崎製鉄 神奈川県川崎市 1907年設立、独立	40	0
7	山陽紡績 広島県広島市 1882年設立、独立		0
8	安田汽船 東京都 1960年設立、安田系		0
9	倉敷紡績 岡山県倉敷市 1880年設立、独立		0
10	富岡製糸場 群馬県高崎市 1875年設立、官営		0
11	八幡製鉄所 福岡県八幡(現北九州)市 1901年設立、官営	20	0

残金	配当	繰越
115	0	115

図11

1904年		投資	配当
		115	
1	諏訪製糸 長野県岡谷市 1880年設立、独立		0
2	三越百貨店 東京都 1712年設立、三井系		0
3	長崎造船所 長崎県長崎市 1865年設立、三菱系		0
4	大阪兵砲工 大阪府豊中市 1901年設立、住友系	30	81
5	三池炭坑 熊本県玉名市 1884年設立、三井系	20	38
6	川崎製鉄 神奈川県川崎市 1907年設立、独立	40	16
7	山陽紡績 広島県広島市 1882年設立、独立		0
8	安田汽船 東京都 1960年設立、安田系		0
9	倉敷紡績 岡山県倉敷市 1880年設立、独立		0
10	富岡製糸場 群馬県高崎市 1875年設立、官営		0
11	八幡製鉄所 福岡県八幡(現北九州)市 1901年設立、官営	20	62

残金	配当	繰越
5	197	202

日本の産業革命

さらに 1908 年のシートに切り替える。図 12 の状態に投資額を設定したものが図 13、F9 キーを押して配当額を算出したのが図 14 である。図 14 には、最終結果として示されるようになっている。学級でこの結果のランキングを作り、成功者の手法を分析することが大切な学習過程となる。

図12

	1908年	投資	配当
		202	
1	諏訪製糸 長野県岡谷市 1880年設立、独立		0
2	三越百貨店 東京都 1712年設立、三井系		0
3	長崎造船所 長崎県長崎市 1865年設立、三菱系		0
4	大阪兵砲工 大阪府豊中市 1901年設立、住友系		0
5	三池炭坑 熊本県玉名市 1884年設立、三井系		0
6	川崎製鉄 神奈川県川崎市 1907年設立、独立		0
7	山陽紡績 広島県広島市 1882年設立、独立		0
8	安田汽船 東京都 1960年設立、安田系		0
9	倉敷紡績 岡山県倉敷市 1880年設立、独立		0
10	富岡製糸場 群馬県高崎市 1875年設立、官営		0
11	八幡製鉄所 福岡県八幡（現北九州）市 1901年設立、官営		0
		残金	配当
		202	0

図13

	1908年	投資	配当
		202	
1	諏訪製糸 長野県岡谷市 1880年設立、独立		0
2	三越百貨店 東京都 1712年設立、三井系	20	0
3	長崎造船所 長崎県長崎市 1865年設立、三菱系		0
4	大阪兵砲工 大阪府豊中市 1901年設立、住友系	100	0
5	三池炭坑 熊本県玉名市 1884年設立、三井系		0
6	川崎製鉄 神奈川県川崎市 1907年設立、独立	50	0
7	山陽紡績 広島県広島市 1882年設立、独立		0
8	安田汽船 東京都 1960年設立、安田系		0
9	倉敷紡績 岡山県倉敷市 1880年設立、独立		0
10	富岡製糸場 群馬県高崎市 1875年設立、官営		0
11	八幡製鉄所 福岡県八幡（現北九州）市 1901年設立、官営	30	0
		残金	配当
		202	0

図14

	1908年	投資	配当
		202	
1	諏訪製糸 長野県岡谷市 1880年設立、独立		0
2	三越百貨店 東京都 1712年設立、三井系	20	28
3	長崎造船所 長崎県長崎市 1865年設立、三菱系		0
4	大阪兵砲工 大阪府豊中市 1901年設立、住友系	100	340
5	三池炭坑 熊本県玉名市 1884年設立、三井系		0
6	川崎製鉄 神奈川県川崎市 1907年設立、独立	50	145
7	山陽紡績 広島県広島市 1882年設立、独立		0
8	安田汽船 東京都 1960年設立、安田系		0
9	倉敷紡績 岡山県倉敷市 1880年設立、独立		0
10	富岡製糸場 群馬県高崎市 1875年設立、官営		0
11	八幡製鉄所 福岡県八幡（現北九州）市 1901年設立、官営	30	90
		残金	配当
		2	603

最終結果 605

第1次産業革命

日清戦争前後・・・軽工業（製糸業、紡績業）

図15

図 15 は産業革命の前半を示している。軽工業中心であり、製糸業や紡績業が栄えた。この業種の会社が高い配当を得られるようになっている。

第2次産業革命

日露戦争前後…重工業（鉄鋼業、造船業）

図16

図 16 は産業革命の後半を示している。重工業中心であり、鉄鋼業や造船業が栄えた。この業種の会社が高い配当を得られるようになっている。また軍需産業も重工業の中心となる。

1901年　官営八幡製鉄所

中国の鉄鉱石→　北九州　←筑豊炭田の石炭

図 17

図 17 は 1901 年に設立された官営八幡製鉄所のスライドである。官営工場を北九州に設立した理由を当時の情勢と関連させて考える。九州北部にエネルギーとなる石炭の産地が多かったことと、日本が支配力を持っていた中国から原料の鉄鉱石を安く調達できたことを確認する。

「日本の産業革命」

「提出用」の問に解答を入力する

図 18

図 18 はスライドの終わりの指示を示している。

図 19 は前半のシートである。投資 10 に対する配当額を示しており、配当が 10 を超えると黒字となり、10 に満たないと赤字となる。日清戦争前後の時期であり、軽工業が黒字を生み出している。図 20 は後半のシートである。日露戦争前後の時期であり、重工業が黒字を生み出すようになっている。なお、川崎製鉄の 1904 年が配当 4 となっているのは、会社の設立が 1907 年であり、まだ操業していないためである。

投資１０に対する配当		第１次産業革命			
		1884年	1888年	1904年	1908年
1	諏訪製糸 長野県岡谷市 １８８０年設立、独立	20	14	4	2
2	三越百貨店 東京都 １７１２年設立、三井系	12	12	12	14
3	長崎造船所 長崎県長崎市 １８６５年設立、三菱系	6	7	17	21
4	大阪兵砲工 大阪府豊中市 １９０１年設立、住友系	0	0	27	34
5	三池炭坑 熊本県玉名市 １８８４年設立、三井系	2	6	19	18
6	川崎製鉄 神奈川県川崎市 １９０７年設立、独立	0	0	4	29
7	山陽紡績 広島県広島市 １８８２年設立、独立	16	22	6	2
8	安田汽船 東京都 １９６０年設立、安田系	12	11	15	15
9	倉敷紡績 岡山県倉敷市 １８８０年設立、独立	16	21	5	1
10	富岡製糸場 群馬県高崎市 １８７５年設立、官営	19	20	4	1
11	八幡製鉄所 福岡県八幡(現北九州)市 １９０１年設立、官営	0	0	31	30

1884年　1888年　1904年　1908年　前半　後半　統計　提出用

図 19

投資１０に対する配当				第２次産業革命	
		1884年	1888年	1904年	1908年
1	諏訪製糸 長野県岡谷市 １８８０年設立、独立	20	14	4	2
2	三越百貨店 東京都 １７１２年設立、三井系	12	12	12	14
3	長崎造船所 長崎県長崎市 １８６５年設立、三菱系	6	7	17	21
4	大阪兵砲工 大阪府豊中市 １９０１年設立、住友系	0	0	27	34
5	三池炭坑 熊本県玉名市 １８８４年設立、三井系	2	6	19	18
6	川崎製鉄 神奈川県川崎市 １９０７年設立、独立	0	0	4	29
7	山陽紡績 広島県広島市 １８８２年設立、独立	16	22	6	2
8	安田汽船 東京都 １９６０年設立、安田系	12	11	15	15
9	倉敷紡績 岡山県倉敷市 １８８０年設立、独立	16	21	5	1
10	富岡製糸場 群馬県高崎市 １８７５年設立、官営	19	20	4	1
11	八幡製鉄所 福岡県八幡(現北九州)市 １９０１年設立、官営	0	0	31	30

1884年　1888年　1904年　1908年　前半　後半　統計　提出用

図 20

図 21 は統計のシートで、前半と後半の違いを並べて分かるようにしている。産業の中心が移り変わっていったことが見て取れる。

投資１０に対する配当		軽工業中心		重工業中心	
		1884年	1888年	1904年	1908年
1	諏訪製糸 長野県岡谷市 １８８０年設立、独立	20	14	4	2
2	三越百貨店 東京都 １７１２年設立、三井系	12	12	12	14
3	長崎造船所 長崎県長崎市 １８６５年設立、三菱系	6	7	17	21
4	大阪兵砲工 大阪府豊中市 １９０１年設立、住友系	0	0	27	34
5	三池炭坑 熊本県玉名市 １８８４年設立、三井系	2	6	19	18
6	川崎製鉄 神奈川県川崎市 １９０７年設立、独立	0	0	4	29
7	山陽紡績 広島県広島市 １８８２年設立、独立	16	22	6	2
8	安田汽船 東京都 １９６０年設立、安田系	12	11	15	15
9	倉敷紡績 岡山県倉敷市 １８８０年設立、独立	16	21	5	1
10	富岡製糸場 群馬県高崎市 １８７５年設立、官営	19	20	4	1
11	八幡製鉄所 福岡県八幡(現北九州)市 １９０１年設立、官営	0	0	31	30

▶ 🔒1884年 🔒1888年 🔒1904年 🔒1908年 前半 後半 統計 提出用

図21

図 22 は提出のシートである。「ヨーロッパでは１００年以上かかった産業の近代化までの革命を，日本は１０年で成し遂げました。日本の産業革命がわずか１０年で近代化にたどり着いた要因を挙げなさい。」という設問となっている。このシートの設問に対する解答を入力し、ファイルを提出することになる。解答としては次のようなものが想定される。

・ヨーロッパが産業革命をおこなって１００年以上が経過していてマニュアルがあった。

・ヨーロッパ人が政府に雇われて技術を伝えた。

・ヨーロッパでは民間で進めたが日本は政府が主導した。

・日本が日清、日露戦争で勝利をおさめ、十分な資金を持っていた。

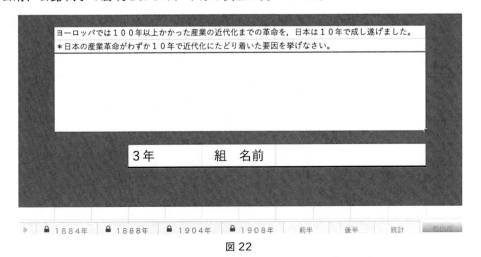

図22

ザ・世界恐慌

世界恐慌は全世界を不景気に巻き込み、日本にも深刻な影響を及ぼした。日独伊の3国は広大な国土も植民地もなく、その対応のために植民地を新たに奪い取る方向へと動き始めるきっかけとなった。その後の第2次世界大戦へとつながる情勢をつかむために、世界恐慌による被害の甚大さを実感させたい。もとはワークシートプリントを用いていたが、1人1台タブレットを利用してエクセルシートで進めるようにした。いくつかの会社の集合体である財閥を形成し、世界恐慌の影響を受けながら存続をめざすという設定となっている。

Guide

世界恐慌

恐慌…急激な不景気のこと

ニューヨークで株価が大暴落し、
世界中の経済が混乱しました

スライド1

その発生確率…1/2000万

スライド2

スライド1・2は世界恐慌について紹介している。

シート1-1

シート1-2

シート1-1は初期設定①である。任意の財閥名を入力し、アメリカ・イギリスの取引相手を選択する。また、運を決める数を設定する。

シート1-2は、それらを入力した場面である。

さらに初期設定を進めるために、シート2-1の初期設定②に移る。

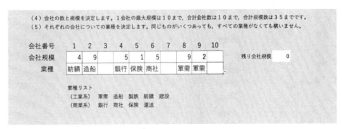

シート2-1

シート2-2

初期設定②では財閥を構成する会社の規模と業種を設定する。規模の合計は35で、各会社の規模は1〜10で設定する。

シート2-2はそれらを具体的に設定した場面である。図のように、必ずしも10社を設定する必要はなく、会社番号に空きができて構わない。

また、業種についても、すべての業種の会社を設定する必要はなく、同じ業種の会社が複数設定されても構わない。

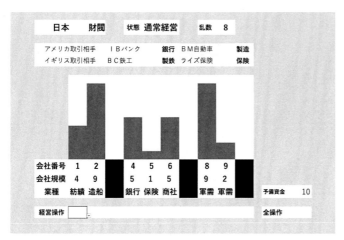

シート 3-1

初期設定を終えて第1波のシートに移ると、シート3-1の画面になる。入力した内容が反映され、財閥内の各会社は規模をイメージで表した状態になる。赤い帯がなくなると会社のデータは黒くなり消滅する。

1/2000万の嵐　第1波

1929年、ニューヨークのウォール街で
株価の大暴落があり、
アメリカ中が大不景気におちいった。
アメリカの会社と取引を持つ全世界の
会社にこの大不景気の影響が及んだ。

スライド3

1/2000万の嵐　第1波

（1）全会社の規模－1
　　　「全操作」を　－1
（2）アメリカの取引相手と
　　　同業種会社の規模半減
　　　「経営操作」で半減（－0.5は1減）
（3）乱数と同じ番号の会社の廃業
　　　「経営操作」で全減

スライド4

スライド3は世界恐慌の第1波を紹介している。

スライド4で、第1波の影響を順次反映させていく指示が出される。

（1）全会社の規模―1

　シート3－1にある「全操作」のセルを－1と設定する。

（2）アメリカの取引相手と同業種会社の規模半減

　アメリカの取引相手と業種が同じ会社について、「経営操作」で規模を半減する。このとき－ 0.5 は－1として扱う。シート3－1では、アメリカの取引相手が銀行と製造なので、会社番号4の会社を半減する。（1）の操作後なので、この会社の規模は4であることから、半減するために「経営操作」で－2と設定する。

（3）乱数と同じ番号の会社の廃業

　シート3－1では乱数が8なので、会社番号8の会社が対象となる。この時点の規模が8なので「経営操作」で－8と設定する

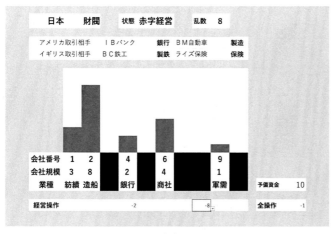

シート 3-2

　シート3－2は、第1波の影響をすべて反映させた後の場面である。

世界恐慌

情報①

イギリスも深刻な不景気

【経営対策】
「経営操作」で　予備資金を投入

スライド 5

スライド5は第1波の後に入る情報①を示している。「イギリスも深刻な不景気」という情報に触れ、経営対策をおこなう。

シート4-1は対策1として、ここでの対策を設定する場面である。

シート4-2は、10ある予備資金のうち、4を会社番号1の紡績会社に、3を会社番号9の軍所会社に投入した後の場面である。

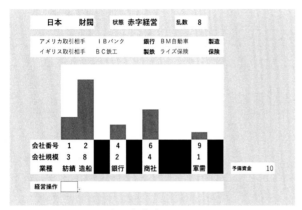

シート 4-1

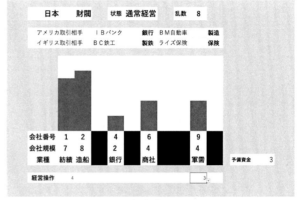

シート 4-2

1/2000万の嵐　第2波

資本主義の世界でアメリカとイギリスは密接な関わり合いを持って発展していた。
アメリカの不景気はまたたく間にイギリスを不景気に巻き込み、イギリスの会社と取引を持つ会社にも不景気の影響が及んできた。
（1）イギリスの取引相手と同業種の会社がある場合、全会社の規模－1
（2）2会社の廃業
（3）10－乱数分の規模減少

スライド 6

スライド6は、世界恐慌の第2波を紹介している。第2波の影響を順次反映させていく指示が出される。

シート5-1は第2波で、その影響を反映していく。

（1）イギリスの取引相手と同業種の会社がある場合、全会社の規模－1

ここではイギリスの取引相手が製鉄と保険であるため、財閥内の会社には同業種がなく、被害を免れることになる。

（2）2会社の廃業

　任意の会社2つを廃業させる。会社番号4の銀行を廃業させるために－2、会社番号6の商社を廃業させるために－4をそれぞれ「経営操作」で設定した。

（3）10－乱数　分の規模減少

　乱数が8であることから、10から8を引いた2の規模を減少させる。ここでは、会社番号1の紡績会社と会社番号9の軍所会社について「経営操作」で－1を設定した。

　シート5-2は、これらの影響をすべて反映した後の場面である。

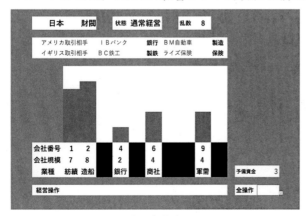

シート 5-1

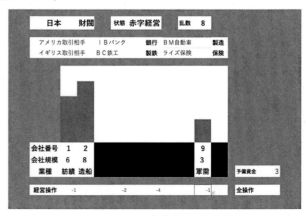

シート 5-2

情報②

銀行界の不振が深刻

【経営対策】
「経営操作」で　予備資金を投入

スライド 7

スライド7は第2波の後に入る情報②を示している。「銀行界の不振が深刻」という情報に触れ、経営対策をおこなう。

シート6－1は対策2として、ここでの対策を設定する場面である。

シート6－2は、残り3ある予備資金から、会社番号2の造船会社と会社番号9の軍所会社に1ずつ投入した後の場面である。

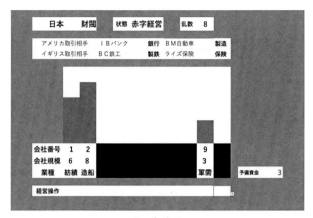

シート 6-1

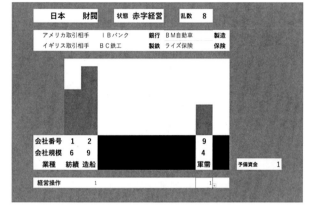

シート 6-2

1/2000万の嵐　第3波

大不景気による会社の倒産の影響は、その後には銀行界をおそった。
取引相手を失った銀行や、銀行を相手としていた商業界に深刻な影響が及んできた。

（1）銀行会社の規模－4
（2）商業系会社の規模半減

スライド 8

スライド8は、世界恐慌の第3波を紹介している。第3波の影響を順次反映させていく指示が出される。

シート7は第3波で、その影響を反映していく。

（1）銀行会社の規模－4

　ここでは、財閥内に銀行がないので被害を免れることになる。

（2）商業系会社の規模半減

　初期設定②のシートにあるように商業系は銀行・商社・保険・運送である。ここでは、財閥内にないので被害を免れることになる。第3波はたまたま被害を受けなかったので、シート7がそのまま反映後の場面となる。

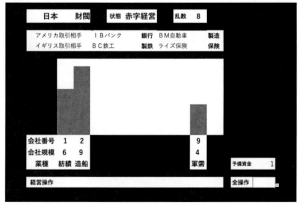

シート 7

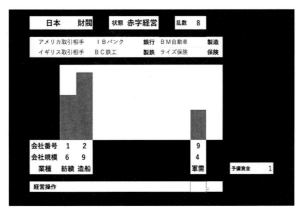

情報③

イギリスが貿易を停止

【経営対策】
「経営操作」で　予備資金を投入

スライド9

スライド9は第3波の後に入る情報③を示している。「イギリスが貿易を停止」という情報に触れ、経営対策をおこなう。

シート8-1は対策3として、ここでの対策を設定する場面である。

シート 8-2 は、残り1あった予備資金を会社番号2の造船会社に投入した後の場面である。

シート 8-1

シート 8-2

1/2000万の嵐　第4波

アメリカやイギリスは自国の会社を守ろうとしたために、外国との取引が激減した。
このため、外国との取引を中心としていた会社は倒産以外の道がなくなってしまい、その関連会社にも影響は及んできた。

（1）アメリカ・イギリスの取引相手と
　　　同業種　会社の規模－3
（2）工業系会社の規模－3

スライド10

スライド10は、世界恐慌の第4波を紹介している。第4波の影響を順次反映させていく指示が出される。

シート9-1は第4波で、その影響を反映していく。

（1）アメリカ・イギリスの取引相手と同業種会社の規模－3

ここでは、銀行・製造・製鉄・保険が対象となり、財閥内にないので被害を免れることになる。

（2）工業系会社の規模－3

初期設定②のシートにあるように工業系は軍需・造船・製鉄・紡績・建設である。ここでは、財閥内のすべての会社がその対象であり、「経営操作」で－3を設定した。

シート9-2はここまでを反映したものである。

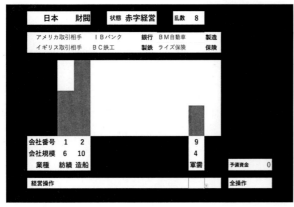

シート 9-1

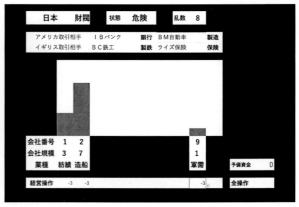

シート 9-2

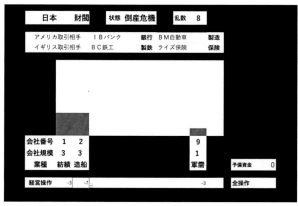

スライド11

シート 9-3

スライド11は最終の影響を示している。ここでは、乱数が8なので規模を4つ減らすことになる。

シート9−3は9−2の状態から会社番号2の造船会社の規模を4つ減らすために、すでに−3となっていた設定を−7とした場面である。ここで会社が1つでも残っていたら世界恐慌の波を乗り切ったこととなる。世界恐慌の波を乗り切れる割合は5分の1程度と思われる。いかに厳しい不景気になったかを実感できると思う。

この後、世界恐慌に対する各国の対応策を考えていく。

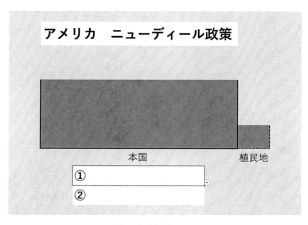

シート 10-1

シート10−1はアメリカである。本国と植民地を水槽で表している。水槽の広さは領土の広さ、深さは経済力を表している。アメリカは広大な本国と広くはない植民地を持っている。

ここで①のセルを「世界恐慌」と設定すると、シート10-2 のように水槽の水が大きく失われる。

さらに②のセルを「ニューディール政策」と設定すると、シート10-3 のように本国に水が足される。ニューディール政策は「巻き直し」であり、地道に水かさを増やそうというものである。増えた深さは大きくないが、面積が広いために増えた水の量は相応のものとなる。

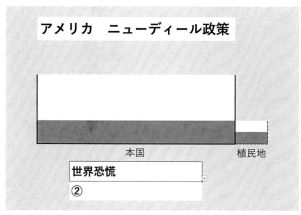

シート 10-2

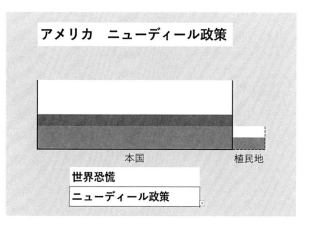

シート 10-3

世界恐慌

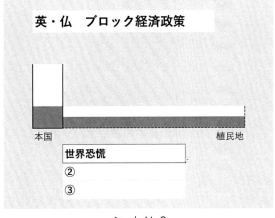

シート11-1

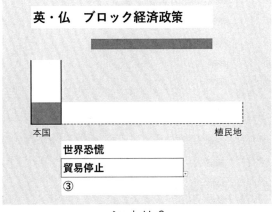

シート11-2

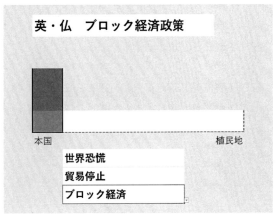

シート11-3

シート11-4

シート11-1は英仏であり、本国は広くないものの広大な植民地を持っていることを表している。

ここで①のセルを「世界恐慌」と設定すると、シート11-2のように水槽の水が大きく失われる。

②のセルを「貿易停止」と設定すると、シート11-3のように植民地の水が吸い取られる。

③のセルを「ブロック経済」と設定すると、シート11-4のように植民地にあった水が全て本国に足される。ブロック経済は、植民地と他地域の貿易を停止させ、その利益を全て本国に吸収しようというものである。植民地は犠牲になるものの、本国の水かさは大きく増えることとなる。

シート12-1は日独伊であり、本国も植民地も広くないことを表している。

ここで、①のセルを「世界恐慌」と設定すると、シート12-2のように水槽の水が大きく失われる。

②のセルをアメリカがやったように「ニューディール政策」と設定しても、シート12-3のように本国増える水の量はわずかでしかない。

さらに③のセルを英仏のように「ブロック経済」と設定しても、シート12-4のように植民地から吸い上げることができる水の量もわずかでしかない。

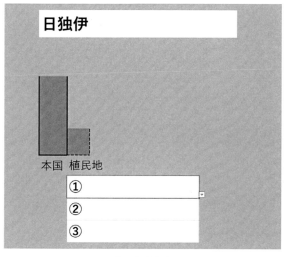

シート12-1

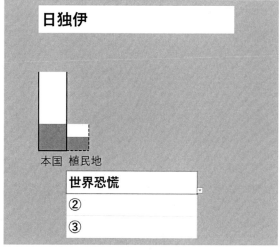

シート12-2

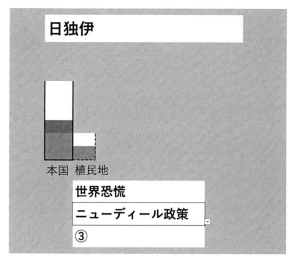

シート12-3

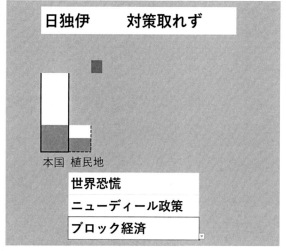

シート12-4

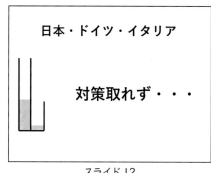

スライド12

スライド13

スライド12はその状態を確認しており、スライド13ではその後、国民がファシズムを支持したことを確認したい。

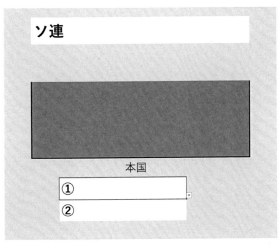

シート13-1

シート13ー1はソ連であり、広大な本国を持っている。①のセルを「世界恐慌」に設定しても、シート13ー2のように水槽の水かさは減らない。②のセルを「その理由」に設定すると、「社会主義のために被害なし」と表示される。世界恐慌は資本主義の世界で起きる不景気の巨大なものであることから、社会主義の計画経済では起きないのである。

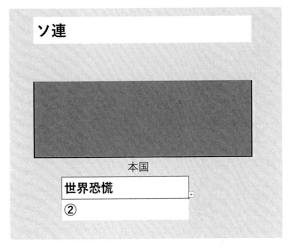

シート13-2

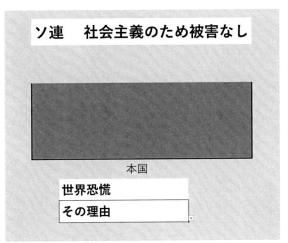

シート13-3

ザ・世界恐慌　9

3年　　組

（1）やってみての感想を書いてください。

（2）紙上でやる場合とタブレットでやる場合ではどう違いましたか。

（3）世界恐慌がその後の世界に及ぼした影響をまとめます。

アメリカ	
英仏	
日独伊	
ソ連	

シート14

シート14は「提出」となっている。感想と学習のまとめを入力して提出させる。

授業用スライドダウンロード

（○○KB）

▼ ダウンロードはこちら ▼

https://iap-book.com/download/gekiyaku/

【ダウンロード方法について】

上記の URL よりダウンロードしてください。

【ファイル形式について】

Microsoft Office（Excel・PowerPoint）でご利用ください。

【使用の注意】

・このスライドの著作権は秋山雅文にあります。

・本教材は、授業に使用する目的の範囲内でのみ、利用・改変することが可能です。

※上記以外の目的で引用、転載、配布する場合（改変して使用する場合も含む）、著作者の許諾が必要です。

【連絡先について】

IAP 出版

　TEL：06-6485-2406

　Email：support@bighug-g.com

歴史授業の劇薬
生徒が夢中になって取り組めるゲームシミュレーション教材

2024年3月31日　初版第１刷発行

著　　　者　秋山　雅文

表紙・本文装丁　山根　友美

発　行　者　関谷　昌子

発　行　所　ＩＡＰ出版
　　　　　　〒531-0074　大阪市北区本庄東２丁目13番21号
　　　　　　TEL：06（6485）2406　FAX：06（6371）2303

印　刷　所　株式会社Big Hug

ISBN 978-4-908863-17-2
Printed in Japan